WITHDRAWN

D1528398

La Biblia
GODÍNEZ

ALVARO GORDOA

La Biblia GODÍNEZ

IMAGEN PROFESIONAL PARA SOBREVIVIR AL APOCALIPSIS
DE LA OFICINA Y TRIUNFAR EN EL CIELO LABORAL

AGUILAR

650, 122
G661
Spanish

La Biblia Godínez
Imagen profesional para sobrevivir al Apocalipsis de la oficina y triunfar en el cielo laboral

Primera edición: enero, 2019

D. R. © 2018, Alvaro Gordoa

D. R. © 2019, derechos de edición mundiales en lengua castellana:
Penguin Random House Grupo Editorial, S. A. de C. V.
Blvd. Miguel de Cervantes Saavedra núm. 301, 1er piso,
colonia Granada, delegación Miguel Hidalgo, C. P. 11520,
Ciudad de México

www.megustaleer.mx

D. R. © Penguin Random House / Amalia Ángeles, por el diseño de cubierta e interiores
D. R. © Marlen Jaime - Promised Land, por la fotografía del autor

Penguin Random House Grupo Editorial apoya la protección del copyright.
El copyright estimula la creatividad, defiende la diversidad en el ámbito de las ideas y el conocimiento,
promueve la libre expresión y favorece una cultura viva. Gracias por comprar una edición autorizada
de este libro y por respetar las leyes del Derecho de Autor y copyright. Al hacerlo está respaldando a
los autores y permitiendo que PRHGE continúe publicando libros para todos los lectores.

Queda prohibido bajo las sanciones establecidas por las leyes escanear, reproducir total o
parcialmente esta obra por cualquier medio o procedimiento así como la distribución de ejemplares
mediante alquiler o préstamo público sin previa autorización.
Si necesita fotocopiar o escanear algún fragmento de esta obra diríjase a CemPro
(Centro Mexicano de Protección y Fomento de los Derechos de Autor, https://cempro.com.mx).

ISBN: 978-607-317-382-7

Impreso en México - *Printed in Mexico*

El papel utilizado para la impresión de este libro ha sido fabricado a partir de madera procedente
de bosques y plantaciones gestionadas con los más altos estándares ambientales, garantizando una
explotación de los recursos sostenible con el medio ambiente y beneficiosa para las personas.

Penguin
Random House
Grupo Editorial

Para todo el Godinato
del Colegio de Imagen Pública:
gracias por ser y hacer felicidad.

ÍNDICE

TERCERA PARTE: APOCALIPSIS

En aquellos tiempos...

En el principio Dios creó los cielos y la tierra. Luego en esa tierra puso hierba verde que diera semilla. Creó a los monstruos marinos y demás especies según su género, para crear finalmente al hombre a su imagen y semejanza. Varón y hembra los creó con libertad hasta que cayeron en pecado, se pusieron un traje gris y colgaron a sus cinturas un gafete como lastre... así es como nació el Godín.

Y en su gran peregrinar, el Godín aprendió a convivir con sus pares aquejados de los mismos males; sabiéndose un alma en pena que deambula en el limbo entre el infierno del desempleo y el paraíso de los semidioses, paraíso al que aspira llegar: el edén de los jefes... ¡el cielo laboral!

Ese cielo donde el mal del puerco se disfruta a solas y a puerta cerrada. El oasis donde se tiene baño propio y no se escucha a Bedoya regurgitar mientras se lava los dientes. La santa gloria de no ser integrado a los chats de WhatsApp de la tanda que se convierten en semillero de memes y frases motivacionales trilladas. Esa cúpula celestial en la que dejas de ser un Godín y te conviertes en God—in! Una deidad de la oficina que, si desea crecer, sólo puede aspirar al calvario de emprender y reinar en su propio Godinato.

Y este libro te ayudará a tocar ese cielo laboral, pero antes, acompáñame a desentrañar el Godinazgo.

Si tienes esta biblia en tus manos existen altas probabilidades de que seas un Godín (así es la versión en sustantivo de Godínez), que en este momento estés godineando (también es verbo) o que simplemente estés inmerso en un ambiente agodinado (¡y adjetivo también!); por lo que no es necesario que te explique lo que es ser Godínez pues seguramente lo transpiras a kilómetros. Si todavía dudas si eres o no, responde simplemente a las siguientes preguntas:

1.	¿Tienes al menos un chat de WhatsApp con compañeros de la oficina?	SI	NO
2.	¿Te sabes algún chiste que solo causaría gracia en tu entorno laboral?	SI	NO
3.	¿Le has entrado a algún reto o apuesta con alguien de la oficina?	SI	NO
4.	¿Existe en tu trabajo un USB de dominio público que nadie sabe su procedencia?	SI	NO
5.	¿Comes acompañado por al menos un compañero?	SI	NO
6.	¿Has llevado comida en un bote de crema o has visto a alguien más hacerlo?	SI	NO
7.	¿Te preguntan de vez en cuando si quieres algo de la tienda?	SI	NO
8.	¿Sabes a quién acudir si necesitas un chicle y no te fallará?	SI	NO
9.	¿Alguien ha tenido el detalle de sorprenderte con un café preparado tal y como lo tomas?	SI	NO
10.	¿Aparecen post—it en tu lugar de trabajo ya sea con recordatorios o simples frases de ánimo?	SI	NO
11.	¿Has presenciado alguna discusión porque "dejan todo sucio" ya sea el refri, el micro o el baño?	SI	NO

12.	¿Ubicas a alguien de la oficina únicamente por su apodo o apellido, o se refieren a alguien como su versión en inglés: El Richard, El Johnny...?	SI	NO
13.	¿Te has enojado porque usaron tu taza, ocuparon tu silla o robaron tu pluma?	SI	NO
14.	¿Existe alguna mascota/hijo de la oficina que todos cuidan como una planta, pez o hasta peluche?	SI	NO
15.	¿Hay en tu lugar de trabajo algún fantasma que asusta a los que se quedan a trabajar tarde?	SI	NO
16.	¿Has contestado por reflejo el teléfono en casa como lo haces en la oficina?	SI	NO
17.	¿Le has pedido ayuda al de sistemas para algo personal?	SI	NO
18.	¿En tu cumpleaños han adornado tu lugar o mínimo te han hecho un pastelito?	SI	NO
19.	¿Te han pedido cooperación para el cumpleaños de alguien más?	SI	NO
20.	¿Has hecho la culebrita en la fiesta de fin de año o pasado al frente del círculo de baile mientras tus compañeros hacen "eh, eh, eh, eh"?	SI	NO

No te preocupes en contar tus respuestas. Si contestaste que sí al menos a una de estas preguntas ya eres un Godín hecho y derecho. Ahora bien, si contestaste que sí a más de una, tu grado de Godinez es directamente proporcional al número de afirmaciones y puede ser que estés infectado hasta la médula de esta condición.

Ahora bien, tal vez no eres Godín o crees que no perteneces a esta fauna, pero probablemente es que seas mexicano por lo que sobraría describirte los usos y costumbres de dicha especie de oficina. Pero pensemos un poco en nuestros hermanos extranjeros y, cual Nancy la de recepción, démonos una embarradita con los Godínez y su origen social.

Si bien con ciencia cierta no hay un origen documentado de por qué en México un apellido se transformó en una etiqueta laboral, existen muchas teorías que intentan clarificar el nacimiento del Godinato, y todas recaen en la maravillosa cultura popular televisiva del Siglo XX.

La segunda mitad del siglo pasado coincide con el inicio de la televisión comercial en México, y este nuevo fenómeno masivo, a su vez con la transición mexicana de ser una economía industrial y agrícola, a una basada en servicios y productos de consumo; lo que hizo que se crearan muchos trabajos de oficina y se empezara a vivir una cultura más urbana.

Este fenómeno rápidamente acaparó la atención de los productores televisivos, pues sabían que su audiencia eran los trabajadores de oficina que tenían el capital para comprarse un aparato y que gustaban de llegar a su casa después de trabajar para divertirse en familia frente al televisor. Por esta razón, en 1958, la segunda telenovela producida en el país abordó la temática del ambiente vivido en la oficina y los sinsabores del empleado promedio: *Gutierritos*, que relató la vida del bueno y trabajador Ángel Gutiérrez, a quien su jefe lo minimiza llamándolo en diminutivo, y de quien todos se aprovechan por su falta de temple y carácter. Y esta telenovela fue todo un éxito.

Tan fuerte fue el impacto social de *Gutierritos*, que México se paralizaba a las 18:30 horas de lunes a sábado, y por supuesto, hizo que a los resignados trabajadores de oficina se les empezara a llamar así: "Gutierritos." Y ser Gutierritos se convirtió en un estigma social para cualquier persona inmersa en el ambiente laboral medio.

¡Gutierritos es el papá de Godinez! Pero... ¿Por qué mutó el apellido?

Bueno, pues aquí es donde entran las teorías y te voy a revelar la mía, pero antes es bueno saber que, con el éxito de *Gutierritos*, creció la industria telenovelera en México y también de programas de comedia, en donde el estereotipo del Gutierritos era un personaje constante en la televisión sesentera y setentera.

Uno de los personajes más conocidos y queridos, que también así se le llamó por un tiempo a los oficinistas... ¿quién crees que fue?... ¡Can, can can can, can can!

Si entendiste este chiste estás ya muuuuuy ruco, pues estamos haciendo referencia a Peritos, el oficinista burócrata y perdedor de *El mundo de Luis de Alba*; aunque también es prudente mencionar a toda la familia laboral del programa de comedia *Mi secretaria*, que por cierto: "¡Qué bonita familia! ¡Qué bonita familia! ¡Qué bonita familia!" (otro chiste de rucos). Con estos antecedentes entremos a mi tesis del origen del término Godín.

En 1980, surge en México la nueva versión de uno de los programas más queridos de toda Latinoamérica: *Chespirito*. En esta nueva versión, después del éxito de la serie *El Chavo del ocho*, Roberto Gómez Bolaños decidió ubicar los sketches de los personajes de El Chavo más en el ambiente de la escuela que en la vecindad, por lo que empiezan a ser más recurrentes las apariciones de un personaje al que antes se le veía poco: Godínez. El desinteresado, solitario y despistado niño sin nombre, que sacaba de quicio al profesor Jirafales por su insuficiencia académica e intelectual.

¿Pero qué relación hay entre este "niño" Godínez y el ambiente oficinista actual? ¡Muy poca! Pero gracias a las infinitas retransmisiones de El Chavo, para toda una generación el apellido Godínez se convirtió en sinónimo de mediocridad. Misma generación que hoy domina el ambiente laboral y a quien el apellido Gutierritos o el mote Peritos ya no le hacía gracia ni sentido, por lo tanto... ¡Bienvenido Godínez a la oficina con todo y sus malas prácticas!

Y así es como creo que se acuñó el término que deriva en la escritura de este libro. Gutierritos—Peritos—Godínez, la santísima trinidad de la mediocridad laboral. Pero no te confundas, y mucho menos te ofendas, querido Godín, no te estoy llamando mediocre ni estoy diciendo que los Godínez representan lo peor de la vida profesional. ¡Al contrario! Pues lo más interesante del término al día de hoy es que... ¡Ser Godín ya no es peyorativo!

Actualmente nos autoproclamamos Godínez y vemos con humor todas las vicisitudes del ambiente laboral. Sabemos que por el simple hecho de pertenecer a la vida corporativa y estar inmersos en una oficina pública o privada, tenemos que pasar por una serie de rituales día con día para así tener ingresos de manera relativamente cómoda y estable. Hoy somos orgullosamente Godínez y nos aceptamos como tales, y lo mejor de todo, sabemos claramente diferenciar entre las buenas y malas prácticas Godínez, las nocivas de las positivas, las que destruyen de las que construyen, las improductivas de las productivas, las que están out de las que están in. Hoy ser Godín puede estar "in"...

¡Hoy puedes ser un God—in!

Y ya van dos veces que uso este término: God—in! Que como seguro ya lo dedujiste, es un neologismo entre las palabras *God* = Dios e *In* = Adentro (en el sentido coloquial de aceptación, pertenecía o estar "in").

El God—in! Es ese individuo de oficina que tiene protocolos y comportamientos casi divinos, que hace que lo acepten y se convierta en alguien indispensables para su organización, por lo que cuando hay una promoción, pensarán primero en él o ella para ascender, y cuando pida un aumento, sin duda se lo darán pues se lo merece o temen que se les vaya.

Las buenas maneras profesionales del God—in! lo hacen ser querido por sus pares, jefes, subordinados, proveedores y clientes; y es tan buena su imagen profesional, que al ponerle adjetivos a estas personas seguramente aparecerán palabras como: amables, eficientes, organizados, cooperativos, líderes, trabajadores y cualquier otro atributo positivo que se les quiera colgar.

Y mencioné que todo esto se logra por su buena imagen profesional y sobre este tema trata el libro. Esta Biblia está enfocada en sembrar en ti esa semilla que todos podemos cultivar con buenas acciones ejecutivas que, acumuladas, terminan convirtiéndose en un vergel de bonanza y abundancia.

Y antes de que siga con mi analogía de cosechas y termine en la parábola de la semilla que cayó en tierra buena u otra referencia religiosa, quiero dejarte algo muy en claro: si para este punto ya me tachaste de hereje o irrespetuoso por utilizar la Biblia como analogía humorística para hablar del serio y profundo tema de la Imagen profesional, estás en el momento preciso para cerrar este libro y olvidarte de las mieles que te puede dejar.

Una biblia (del latín tardío biblĭa, y este del griego βιβλία biblía, literalmente "los libros") es una obra que reúne los conocimientos o ideas relativos a una materia y que es considerado por sus seguidores como el modelo ideal.

Por lo tanto, *La Biblia Godínez* es una obra que reúne el conocimiento más importante relacionado con la Imagen profesional, así que te invito a seguir si quieres ser bien percibido en el ambiente laboral para así crecer hasta donde tú te lo propongas.

Dejando este punto en claro, toca ahora el turno de aclarar qué es eso de Imagen profesional.

La Imagen profesional

Tu imagen en la oficina no es otra cosa más que lo que los demás dicen de ti. Es la percepción general con la que se quedarán tus públicos internos y externos sobre la manera como haces tu trabajo. Es lo que hará que te identifiquen como una persona buena o mala con todos sus grises intermedios. Son todos los adjetivos calificativos que te colgarán y que, respecto a ellos, te tratarán en tu día a día y te harán crecer o caer en la organización. Para dejarlo aún más claro, echémonos un clavado al fascinante mundo de la imagen.

Imagen es percepción, así de sencillo se define. Por lo tanto, la manera en la que los demás nos perciben va a configurar nuestra imagen. Esto quiere decir que ¡nosotros no somos dueños de nuestra imagen! Nuestra imagen vive en la cabeza de los demás y se convierte en la realidad de quien nos percibe, pues a esta imagen mental se le juntan opiniones que se convierten en nuestra identidad y con el tiempo en nuestra reputación.

Ahora bien, al decir que no somos dueños de nuestra imagen, no quiere decir que no seamos absolutamente responsables de la misma… ¡somos totalmente responsables de nuestra imagen!, ya que la percepción es una consecuencia de algo más: los estímulos; que son todas las cosas que hacemos que impactarán los sentidos de quien nos percibe.

Por lo tanto, podemos afirmar que imagen es percepción, se convierte en identidad y se produce por estímulos; pudiendo entonces concluir que si controlamos los estímulos, controlamos la percepción, y si controlamos la percepción, controlamos nuestra imagen.

Entendido el concepto de imagen, podemos comprender que el proceso de control de la percepción es muy complejo y delicado, pues existe una gran cantidad de estímulos que hay que poner en armonía y coherencia para lograr ser identificados de la mejor manera, y así lograr nuestros objetivos. Por esta razón, existe todo un sistema de catalogación y subcatalogación de estímulos que dan como resultado diferentes tipos de imágenes, claramente expuestas en el libro *El poder de la Imagen pública*, de Víctor Gordoa, y que a continuación resumo brevemente.

La primera catalogación es sencilla: se puede crear la imagen de una persona o la de una institución. La siguiente catalogación es la de las Imágenes subordinadas, agrupan y dividen a los estímulos en diferentes categorías para facilitar el proceso de diseño y producción de la gran Imagen personal o institucional. Estas son la Imagen física, la Imagen verbal, la Imagen visual, la Imagen audiovisual, la Imagen ambiental y la que es motivo de esta Biblia y que a continuación definiremos: la Imagen profesional.

Si imagen es percepción, podemos definir la Imagen profesional como: la percepción que se tiene de una persona o institución por parte de sus grupos objetivo como consecuencia del desempeño de su actividad profesional.

Aquí debo puntualizar que, en la teoría de la Imagen pública, la palabra profesional no deberá limitarse a una actividad ejecutiva remunerada como la estamos acotando en este libro, sino que se abre a todo lo perteneciente o relativo a una profesión; que es la acción o efecto de profesar algo. Y profesar algo es ejercer un rol determinado, por lo que cuando vas al cine tu profesión es de "asistente a una sala cinematográfica", o según tu rol familiar, puedes a veces tener la profesión de "padre", "madre", "hijo", "hermano", etc., según sea el caso. Pero como ya mencioné, para este texto vamos a limitarnos únicamente al trabajo tradicional ejecutivo de oficina, o lo que es lo mismo, al quehacer Godín.

Y dentro de la gran gama de estímulos que se pueden emitir en el ejercicio de este quehacer, independientemente del giro al que nos dediquemos, hay dos factores primordiales que influirán decisivamente en la manera como seremos percibidos por aquéllos con quienes tengamos trato: la manera como nos comportemos durante el transcurso del contacto personal y la forma como respondamos en el momento que suceda una crisis. Es decir, estamos hablando de los dos rubros que determinarán nuestra imagen profesional: el protocolo y el manejo de crisis.

El protocolo, que en el ambiente de oficina también es conocido como etiqueta ejecutiva, es el conjunto de reglas ceremoniales que rigen una actividad y que han quedado establecidas por decreto o por costumbre. Por ejemplo, por decreto pueden decirte en la oficina que debes contestar el teléfono de cierta forma o debes portar prendas acordes a un manual de políticas de vestuario; pero tal vez nunca te han dicho que no puedes eructar sonoramente o hacerle un striptease a tus compañeros de cubículo, simplemente lo dejan al sentido común pues no es lo que se acostumbra (y si se te vino alguien a la cabeza con estos ejemplos, ¡regálale este libro de manera urgente!).

En resumen, el protocolo son todas las formas de comportamiento que se dan por sentado que todos seguirán y observarán en ti... o al menos eso es lo que se cree. Porque la realidad es que es bastante común que en las oficinas se rompa con el deber ser y ahí es donde surgen las crisis; y la manera como nos comportemos en el momento que se dio una situación desafortunada en nuestro actuar profesional es fundamental para no dañar aún más nuestra imagen, y eso es a lo que se le conoce como: manejo de crisis.

Otro punto que tenemos que dejar muy en claro es el de la Relatividad de la imagen, concepto que dice que en Imagen pública no hay cosas buenas ni malas, sino lo que debe ser.

Esto quiere decir que, si bien en la oficina existe un "prototipo ideal" a seguir por lo que tradicionalmente se acostumbra, todo debe adecuarse a nuestro contexto particular basados en esta relatividad. Pues no es lo mismo lo que desea proyectar una abogada que un publicista, como diferentes son los objetivos de quien está pidiendo trabajo del que desea ser director general; o cómo cambian las necesidades de los cuentahabientes de un banco a las de los pacientes de un hospital. Nuevamente: EN IMAGEN PÚBLICA NO HAY COSAS BUENAS NI MALAS SINO LO QUE DEBE SER.

¿De qué depende que toda imagen sea relativa?, de estos tres factores:

1) LA ESENCIA

¿Quiénes somos?, es una pregunta difícil de responder ante los demás pero que nosotros podemos responder con certeza. Y es que así como percibimos a los demás, desde que tenemos conciencia nos autopercibimos... a esto se le llama Imagen interna. Esta autopercepción es fundamental en la manera como nos relacionamos con los demás y como nos mostramos hacia el exterior; y es la suma de muchísimos factores como lo son nuestra personalidad (temperamento y carácter), principios y valores, gustos y preferencias, y un amplio etcétera en donde por supuesto se encuentra nuestro estilo; que es la manera como expresamos esa individualidad.

Nuestra esencia son todas esas cosas que nos hacen únicos e irrepetibles y que debemos respetar. No debemos ni podemos intentar ser alguien más, pues al estar produciéndonos o comportándonos como alguien que no somos, nos sentiremos disfrazados; y esa falsedad hará que el cambio que estamos intentando se haga sin convicción, por lo que no comunicaremos y nos sentiremos violados en nuestro ser.

A nuestra esencia se le suma la esencia de la institución para la que laboramos, esa que viene contenida en su Manual de fundamentos y que se convierte en el ADN que todos los hermanos laborales debemos compartir y respetar. Lo que hace que por más que yo sea una persona de estilo creativo que me encanta pintarme el pelo de colores, si trabajo en una empresa tradicional, debo adecuar mi esencia a la esencia institucional a riesgo de que no me contraten o me despidan si no lo hago.

2) EL OBJETIVO QUE DESEAMOS LOGRAR

¿Qué metas tienes en la vida?, ¿cuál es tu visión a futuro?, ¿qué quieres lograr el día de hoy...? Sean cuales sean tus respuestas, te aseguramos que podemos resumir tus objetivos de una manera sencilla: quieres ser mejor y tener más. ¿Y qué crees? Que estos objetivos sin duda también serán los de la institución donde laboras. Por lo tanto, todas las estrategias que hagamos a nivel imagen deben estar encaminadas a lograr los objetivos personales e institucionales.

3) LAS NECESIDADES DE NUESTRAS AUDIENCIAS

Por último tienes que pensar en tus receptores. En tus públicos internos y externos. En tus compañeros de trabajo y en tus clientes. Por lo que tienes que estar muy consciente de las necesidades de quien decodificará tus mensajes.

¿Qué sentimientos necesitas despertar en tus audiencias?, ¿qué esperan los demás de ti? y ¿si tú estuvieras en su lugar, qué te gustaría ver?, son preguntas fundamentales que deberás realizarte diariamente. Entonces, no es lo mismo reunirte con los compañeros más cercanos en un bar saliendo de la oficina, que atender la importante junta de negocios o ir a la convención anual en Cancún.

Por lo tanto, para juzgar objetivamente tu imagen profesional tienes que preguntarte: ¿Estoy respetando mi esencia y la de mi institución?, ¿los mensajes que mando ayudan a lograr mis objetivos personales e institucionales?, ¿satisfago las necesidades de mis audiencias? Si la respuesta es sí a todas, entonces estaremos hablando de una imagen profesional bien lograda que seguramente será persuasiva, pero si encontramos una respuesta negativa a cualquiera de las tres preguntas, entonces no trabajes hasta hacer los ajustes necesarios.

Ya sabes de qué se va a tratar este libro. Es una obra que te llenará de buenas recomendaciones para que seas bien percibido en tu lugar de trabajo, cuidando mucho las formas, tiempos, lugares y rituales dentro de la oficina; y te ayudará a manejar la situación cuando humanamente te hayas equivocado. Será un libro que te dará el valor agregado de sobresalir positivamente del resto de tus compañeros de trabajo, para que así puedas crecer dentro de tu organización y alcances el grado jerárquico que te propongas. Y ya sea que apenas estés buscando trabajo o que estés a punto de renunciar, este libro te llevará del génesis al apocalipsis de la Imagen profesional. Una vez más, te ayudará a pasar de ser un Godín a ser un God—in!

Y antes de iniciar el peregrinar por estas páginas, échale un ojo a esta tabla comparativa con algunas de las diferencias entre un Godín cualquiera y un God—in! Te darás cuenta que aunque sus atributos sean similares, en el fondo son diferentes... MUY diferentes.

GODÍN	VS	GOD—IN!
Su puntualidad de entrada es relativa a la puntualidad de sus compañeros o al bono por puntualidad.		Su puntualidad en general es relativa al interés que demuestra en su trabajo y al respeto a su tiempo y al de los demás.
Su puntualidad de salida no existe, pues piensa que quedarse a trabajar a deshoras es productivo.		Su puntualidad de salida es exagerada, pues sabe que quedarse a trabajar a deshoras es síntoma de improductividad.
Su creatividad se limita a usar la regla como cuchillo cuando este falta en el pastelito cumpleañero.		Su creatividad se extiende a la resolución de conflictos o a la proposición de recursos para eficientar procesos.
"Hacerle el paro" a un compañero, es sinónimo de solaparle alguna falta a la normatividad para que no lo cachen.		"Hacerle el paro" a un compañero, es ayudarlo en situaciones que requieren apoyo personal o profesional en pos de la productividad.
Trabajar en equipo es armar la coperacha y entrarle al piedra, papel o tijera, para ver quién se lanza a la tiendita.		Trabajar en equipo es sumar esfuerzos y definir roles para conseguir objetivos.
Ser organizado es saber organizar la quiniela del Mundial y llevar un estricto control de pagos de la tanda		Ser organizado es tener todo bajo control y cumplir con los tiempos establecidos.
Piensa que el vestuario de oficina es el de batalla y que no hay que invertirle tanto porque "se ensucia y se desgasta mucho".		Piensa que la inversión en ropa y accesorios de oficina se reditúa con creces pues sabe que para ser jefe hay que lucir como jefe.

27

Saber controlar el gasto es iniciar la quincena con Starbucks y acabarla con cafetín (café de calcetín) de la tienda de conveniencia.		Saber controlar el gasto es administrar los recursos para llevar el mismo tren de vida día con día.
Piensa que el líder del grupo es el que arma los mejores planes para el "juevebes", el que abre más chats de WhatsApp o al que más le decoran su lugar en su cumpleaños.		Sabe que el liderazgo que realmente importa es el que se premia con ascensos.
Lleva los lunes a la oficina más tuppers que ganas de trabajar.		Lleva los lunes a la oficina más tuppers que ganas de trabajar (eso no cambia).

En fin, queridos hermanos, estamos aquí reunidos para celebrar el saber y dignificar a este ser que día con día saca al país adelante. Y para celebrar dignamente este sagrado conocimiento, reconozcamos con humildad nuestros pecados de oficina y confesemos que hemos sido en algún momento Godínez ya sea de pensamiento, palabra, obra u omisión.

Que este texto nos absuelva y tenga misericordia de nosotros, mejore nuestras prácticas laborales y nos lleve a la excelencia eterna...

¡Bienvenidos a *La Biblia Godínez*!

PRIMERA PARTE

Génesis

(Del lat. genĕsis, y este del gr. génesis).

1. Origen o principio de algo.
2. Serie encadenada de hechos y de causas que conducen a un resultado.

Sé que ya te visualizaste. Sabes que el puesto para el que te postulas o que actualmente tienes es temporal y forma parte del proceso para llegar al cargo que verdaderamente te mereces. Treparás y treparás en tu organización, hasta que el título Godín que hoy aparece en tu tarjeta de presentación, pase a ser unas siglas rimbombantes que nadie entiende como CEO, CFO, C3PO o R2D2.

Pero como las visiones sin acciones no son nada, antes de empezar tengo que dejarte algo muy en claro:

¡Para crecer en el mundo laboral tienes que chambear y ser bueno en lo que haces!

Mi padre siempre me dijo (y sigue diciendo) que al buen profesional se le reconoce por sus resultados y que quien no da resultados da explicaciones. También desde pequeño me dijo que en la vida sólo le va mal a los flojos y a los tontos (cuando dejé de ser niño, cambió los adjetivos infantiles "flojo" y "tonto", por sus rudas y mexicanísimas versiones adultas). Por lo tanto, este libro no es un manual para echarla en la oficina y lograr con pura astucia un ascenso laboral. ¡No! Se trata de poner la astucia al servicio de nuestros resultados, que son a su vez producto de nuestra voluntad para rompernos el lomo día a día.

Es una mezcla de aptitudes y actitudes para conseguir lo que deseas. Sé que deseas ser jefe y escalar al cielo laboral, pero no sólo por desearlo lo vas a conseguir. El deseo es el motor del vuelo, es la chispa que hace que el resto de la maquinaria se eche andar, maquinaria que sólo funciona con un operador capacitado y con el combustible más potente de todos: la voluntad.

Deseo, razón y voluntad; las tres principales cualidades humanas de lo posible. Para que algo suceda debes desearlo, posteriormente, usar y cultivar la razón para adquirir y perfeccionar las habilidades necesarias para conseguir lo que deseas y nunca dejar de aprender. Pero finalmente, para que las cosas se cristalicen y sean posibles, se necesita de la cualidad más importante de las tres: la voluntad. Voluntad, que no es otra cosa más que esa patada que nos damos en el trasero todas la mañanas y que nos hace responder a la pregunta: ¿Qué estás haciendo hoy para conseguir lo que deseas?

Aptitudes y actitudes en perfecta armonía. Deseo, razón y voluntad a tu servicio para que así puedas servir.

¿Para qué sirves?

Sí, es una pregunta que debes hacerte todos los días. Te contrataron porque cumples una función especial de servicio. Servir no es otra cosa más que ser de utilidad para determinado fin. Así, las tijeras sirven para cortar y el control remoto para cambiarle de canal a la TV. ¿Para qué sirves tú y al servicio de quién estás? Y sobre todo, ¿por qué estás a su servicio haciendo lo que se te ordena?... Muy fácil... ¡Porque se te paga!

¡No le estás haciendo un favor a nadie!, es un intercambio con necesidades mutuas donde claramente hay un justo beneficio para ambas partes ¡Y tienes que servir! Porque cuando las cosas no sirven brotan los conflictos, surgen los enojos y se pierde la calidad. ¿Qué sientes y cómo te pones cuando unas tijeras que necesitas no cortan o el control remoto no funciona y debes levantarte tú a hacer su trabajo?... ¡Pues te enojas!

La calidad, como atributo positivo, es el conjunto de condiciones que permiten que algo sea juzgado como valioso y apreciado. Y cuando algo cumple con estas características, los niveles de satisfacción se elevan despertando el sentimiento de la FELICIDAD. Felicidad que es el resorte que impulsa la buena evaluación, la recomendación positiva y la aceptación.

Trasladando este concepto a la oficina, te contrataron como una pieza de un engranaje muy complejo donde tienes que servir, pues si no toda la maquinaria se entorpece y no logra sus objetivos. Si una pieza no funciona, pasado el enojo se reemplaza y listo, problema arreglado; por lo que tienes que garantizar que sirves y sirves bien, para que puedas garantizar con tu calidad personal la calidad organizacional y así tener felices a quienes te contrataron y te pagan por servir. Mismas personas que serán responsables de evaluarte bien, recomendarte para crecer y aceptarte como una pieza fundamental que no desean perder por lo bien que sirves; haciéndote de esta forma indispensable para la institución.

¿Hasta dónde quieres crecer? Siembra con deseos, cultiva con la razón y cosecha con voluntad. ¡El único favor te lo estás haciendo a ti! Por lo que debes despertar agradecido de que tienes trabajo y con la fortuna de servir para crear felicidad. Y eso, querido lector, es respetar tu trabajo...

Qué esperas, "¡a perseguir la chuleta!", diría el versado en el léxico Godín. Respetar tu trabajo es el génesis de una serie encadenada de hechos que te conducirán a la cima laboral. Dicho esto, entenderás con toda claridad el...

Primer Mandamiento God—in!

Respetarás tu trabajo sobre todas las cosas

Y en el origen, todo fue palabra...

Cualquier puesto Godín que se ocupa tuvo el mismo inicio. Un texto escrito sobre un papel que si gustó lo secundó una entrevista. El hacer un currículum y presentarnos a una entrevista de trabajo es el génesis del génesis. Es la partícula seminal que si fecunda dará vida laboral, pero si se pierde en la competencia o se queda atrás en el camino, siempre tendrá la oportunidad de esparcirse otra vez y tener nuevos bríos para fertilizar.

Por lo tanto, empecemos por ver las recomendaciones para hacer un CV y prepararnos para una entrevista de trabajo.

¿CÓMO HACER UN CURRÍCULUM?

El currículum tiene gran peso a la hora de conseguir trabajo y no hay duda de que es el factor diferenciador para que, o bien se nos abran las puertas con miras a una entrevista de trabajo, o se nos cierren de sopetón. Nuestro CV es el primer contacto con la empresa y será un elemento que hablará por nosotros y nos "venderá", por eso tiene que estar impecable y seguir una serie de lineamientos persuasivos que generen el interés por conocernos.

Hacer un currículum vitae es un proceso que requiere de tiempo para reflexionar antes de abrir la computadora. Debemos tener en claro cuáles son nuestros objetivos, credenciales y diferenciadores que nos hacen atractivos ante los ojos de un reclutador. Debemos preguntarnos: ¿Por qué yo sí y los demás no? para tener material para redactar y poner lo que realmente es importante.

Piensa que el objetivo es cautivar al reclutador y seducirlo con sólo unos instantes para ser convocado a una entrevista. Lo más difícil de lograr es la claridad y la capacidad de síntesis, pues está comprobado que las personas encargadas de revisarlos no les dedican más de tres minutos a su revisión, por lo que si en ese tiempo no captó la atención, tenlo por seguro que acabará inmediatamente en una papelera física o digital.

Un currículum se divide prácticamente en cinco partes: datos personales, habilidades y competencias, experiencias profesionales, formaciones académicas y focos de interés. Veamos algunas recomendaciones para desglosar estos puntos y crear un documento que impacte y convenza:

- Procura que toda la información quepa en una sola cuartilla pues será más fácil visualizar todo tu perfil.
- Haz y envía una versión física y una digital. Un CV sobre un escritorio hará más presente al postulante en la mente del reclutador que un archivo digital, además varios reclutadores entrevistados concuerdan que a las currículas que reciben por mail les ponen menos atención. Tú llégales por ambos flancos.
- Tu CV debe reflejar tu personalidad y responder a las necesidades de la empresa, por lo que elige un diseño que refleje quién eres pero que sea coherente con el estilo institucional. No abuses del diseño y cuida siempre que se mantenga dentro de los mensajes profesionales y de autoridad. Un detalle persuasivo es utilizar con discreción los colores institucionales de la empresa a la que solicitas trabajo, pues de esta forma estarás haciendo una transferencia que puede comunicar mayor pertenencia.
- Sé creativo y distribuye de manera estratégica la información, al día de hoy existen muchísimos programas de diseño, apps y sitios web que te permiten utilizar plantillas prediseñadas que van más allá de un simple Word.
- Al imprimirlo utiliza un papel de mayor calidad y gramaje (gramos del papel que determina su grueso), no uses el clásico papel bond; por ejemplo, un papel opalina de color blanco brillante expresará más autoridad, calidad y firmeza.
- Aunque sea una sola hoja, preséntalo engargolado con la tapa frontal transparente para que sea visible sin que lo

abran. No metas nada más la hoja en un fólder común y corriente o lo entregues con un clip o engrapado. Entregarlo engargolado le dará más presencia y le será más presente al encargado de hacer la selección.

- La tipografía es muy importante, actualmente las computadoras permiten utilizar muchos tipos de letras y debemos de resistirnos a la tentación de utilizar diferentes tipos o modelos innovadores. No busques el hilo negro, utiliza únicamente un tipo de letra analizando que sea formal y seria (Times New Roman, Antique Olive, Arial), que sea letra de molde y no manuscrita, y que el tamaño de la fuente no sea menor a 10 y mayor a 14 (se puede jugar con el tamaño de la fuente en títulos y nombres). Los nombres de instituciones o cargos desempeñados pueden ponerse en "negritas", y los nombres en otros idiomas deben ponerse en itálicas.

- Cuida en exceso la ortografía y redacción, está comprobado que una falta de ortografía es factor determinante para desechar un currículum.

- En cuanto a la información: incluye sólo la que consideras importante y útil, y exprésala mediante frases cortas y simples.

- Abre con la parte de datos personales poniendo tu nombre completo y perfil social (edad, dirección, estado civil, datos de contacto). Una buena recomendación es abrir un correo del tipo tunombre@tuapellido.com, que te dará un halo más profesional.

- Continúa con una breve descripción de tu persona y objetivos redactados en primera persona. Ejemplo: soy un mercadólogo especializado en servicios con más de 10 años de experiencia en el sector privado, estoy acostumbrado a crear proyectos desde su origen y liderar equipos de trabajo con resultados comprobados, soy amante de los retos profesionales y me considero muy capacitado en las áreas de mercadotecnia digital y BTL.

- Después ordena tu trayectoria de lo reciente a lo pasado, primero la sección laboral y después la académica. En lo académico sólo menciona tus estudios de educación superior (licenciatura, maestría y doctorado) y educación continua (diplomados, cursos, certificaciones y talleres relacionados con el puesto que solicitas). Poner tu educación de primaria y bachillerato sugiere que no tienes mucho de valor que poner. Si no terminaste la primaria (primero me sorprende que estés leyendo) o dejaste inconcluso el bachillerato, no te preocupes por el tema de CV, te puedo asegurar que para el puesto que aspiras no necesitas presentar currículum.
- La manera correcta de poner la información es: año, lugar, actividad realizada y logros, ejemplo:

    2009 – 2015: Starbucks México: Subgerente de Investigación científica. Galardonado por renovar los procesos de control de calidad alimentaria que marcaron un nuevo estándar en la industria de comida rápida.

    2004 – 2008: Colegio de Imagen pública: licenciatura en Imagología. Graduado con mención honorífica.

- Dramatiza la realidad de lo que has hecho (o sea, échale crema pero sin mentir). Por ejemplo: si unas vacaciones trabajaste en la bodega de telas de tu tío, quien simplemente te dijo: "Pus ahí échale un ojo a todo pa' que aprendas y cuando acabes, cuentas esos rollos de tela y me dices cuántos hay", en tu currículum debes poner: 2007. HiperTelas Sandoval: supervisor de procesos y stock en una empresa de la industria textil.
- Finalmente, debes poner tus competencias laborales y habilidades para el perfil de puesto, ejemplo: idiomas, herramientas de trabajo (paquetería digital, operación de procesos, manejo de maquinaria, etc.) y si crees que lo amerita, algo de tu

vida personal y focos de interés que sea digno de resaltar por los atributos que conlleva, ejemplo: deportes o hobbies que se relacionen con disciplina, constancia, sensibilidad, etc.

- Ponerle foto o no es una decisión difícil pues ésta nos puede ayudar o perjudicar. Una amiga muy cercana trabaja en selección de personal en una multinacional que recibe cientos de currículos al mes, me platicaba que hay veces que con el simple hecho de ver la foto llaman a la persona a cita, o por el contrario, pueden pasarse horas riéndose de la foto de un pobre aspirante a quien seguramente no contemplarán. Por lo tanto, nadie más que tú sabe si tu físico te puede ayudar (cruel y triste pero cierto) o si bien la foto del currículum puede esperar. Si decidiste ponerla, colócala junto a tus datos personales, si no tienes una buena foto, tómatela y prodúcela para que comunique seriedad y amabilidad, para que quien decida sobre nosotros diga: "Se ve que es un buen prospecto", "se ve como una persona formal" y "se ve también que es buena persona"; esto lo lograremos con la vestimenta, el peinado el aliño personal y la sonrisa.

- Los currículos no se firman y no se fechan.

- Un detalle obligatorio al día de hoy es poner tus redes sociales en los datos de contacto, por lo que más te vale tener perfiles profesionales más allá de LinkedIn en los que generes contenidos coherentes a los puestos que aspiras tener. Hoy en día tener una buena reputación digital es un valor agregado, pues dalo por hecho que tarde o temprano te van a Googlear. También es recomendable abrir una página web para colgar nuestro CV.

- Distribuye tu CV por todas las vías que te puedas imaginar: plataformas de empleo, empresas de reclutamiento, familiares, amigos y entrega directa en oficinas. Pero te recomiendo ampliamente trabajar con mira láser dirigida a la empresa y persona donde deseas laborar. ¿Quién le puede hacer llegar mi currículum a alguien de esa empresa? Piensa que cuando este documento llega por una vía interna o por recomendación, elevas de inmediato las posibilidades de que te entrevisten.

Aquí te dejo un ejemplo que puede inspirarte sobre cómo debe lucir actualmente un CV:

Finalmente, ten presente que en la entrevista de trabajo te pueden pedir más información sobre cualquier elemento de tu CV o solicitar referencias de lo que ahí mencionas, por lo que de ninguna manera será recomendable mentir o exagerar. Una vez que tengas tu currículum en las manos pregúntate: ¿Este soy yo? ¿Esto es lo que busca la empresa que está contratando? ¿Contrataría yo a esta persona? Si la respuesta a las tres es afirmativa, ¡adelante! Seguro te llamarán para platicar.

LA ENTREVISTA DE TRABAJO

Para dar una buena impresión, todo radica en la perfecta coherencia entre la comunicación verbal y no verbal aunada a una buena estrategia. Estrategia que debe basarse en un verdadero valor agregado que te diferencie de los otros postulantes al puesto. Recuerda que ese valor agregado, la persona que te va a entrevistar ya lo sabe o intuye, pues lo vio en tu CV y es el motivo de que ahora vayas a estar frente a esa persona.

Imagínate que eres un *forever alone* al que un amigo le arregló una cita romántica. Ya le hablaron bien de ti a la otra persona, le enseñaron tus fotos, se metieron a tus redes sociales, le contaron cómo eres y a qué te dedicas, y la persona aceptó gustosa a tener una cita a solas porque le latiste. ¡Ahora sólo queda enamorar a tu date reforzando las buenas expectativas que tiene!

Pero resulta que si las fotos que le enseñaron estaban photoshopeadas y en persona no te pareces, o le dijeron que eras una persona amable y divertida, pero resulta que te comportas como energúmeno en la cita; ¡pues te van a mandar a volar!

Por lo tanto, ten confianza, si tu CV era verdadero, ahora sólo falta dar una excelente percepción en el contacto personal. Para lograrlo, sigue las siguientes recomendaciones:

- Define si para el puesto que deseas necesitas proyectar autoridad o accesibilidad y vístete como debería lucir la persona del puesto que quieres. Lo más común es que necesites comunicar autoridad, pero existen empleos como en las áreas de diseño, relaciones públicas o comunicación digital, en las que se necesita lo contrario. No basta con ser el mejor para un puesto... ¡debes de parecer el mejor para el puesto! Averigua cómo se visten los jefes o dueños de esa institución y cópialos. Más adelante, en otro capítulo, veremos todos los signos para comunicar autoridad y accesibilidad.
- Nunca vayas con unos zapatos sucios, dañados o en mal estado, pues muchos estudios demuestran que son un punto focal muy importante que habla de nuestra personalidad. Los otros grandes puntos visibles durante la entrevista son las manos y el peinado; llévalas limpias y cuidadas y prodúcete con una estética coherente al puesto que no llame más la atención que tu persona, pues si no la atención se centrará en tu pelo y no en ti.
- Revísate en un espejo antes de entrar a la entrevista para que todo esté en su lugar. Una camisa desabotonada, la bragueta abierta, un moco o una ligera mancha pueden ser suficientes para generar rechazo.
- Cuida mucho tu olor personal: nadie te va decir que no te contrataron porque apestabas (a sudor, a comida, a cigarro o hasta a perfume), por lo tanto no comas, fumes y hagas esfuerzos como para sudar antes de la entrevista; limita tu perfume o colonia a algo discreto y consume cualquier refrescante de aliento antes de ingresar.
- Infórmate mucho acerca de la empresa: visita su página web, busca noticias relacionadas a ella, haz visitas ocultas y platica con personas que laboren o hayan trabajado ahí. Saca a relucir

esa información durante la entrevista de manera casual, pues te facilitará conseguir el empleo dando la impresión de que sabías mucho de quiénes eran y la inducción será más sencilla.

- Sé extremadamente puntual. Me imagino que intuyes el lógico porqué, aunque más adelante profundizaremos en este tema.

- Cuida mucho tu lenguaje corporal: establece contacto visual, mantén los brazos y piernas bajo control, sonríe mucho, ten una postura siempre erecta y hacia el frente, y en general no hagas nada que diga que eres una persona nerviosa, insegura o preocupada: como estar sobándote las manos, doblando un papelito, jugando con tus accesorios o moviendo constantemente la pierna.

- No tengas a la vista tu teléfono celular y por nada del mundo lo vayas a poner sobre la mesa o permitir que interrumpa la entrevista. Únicamente sácalo si vas a cuadrar agendas o agregar algún contacto, por lo que cuida que su funda y protector de pantalla también mande mensajes coherentes al puesto.

- Pórtate muy amable con todos los que tengas trato, esos otros hablarán bien de ti en el caso de que quien te haya entrevistado salga y les pregunte su opinión.

- Si te ofrecen algo de tomar, acéptalo con gusto, darás una imagen de que eres una persona segura y abierta. Muchas veces pensamos que está mal aceptar estas cortesías porque molestamos y no es cierto. Con la misma seguridad y naturalidad debemos actuar si nos invitan a quitarnos el saco, sentarnos en un lugar más cómodo, prender o apagar un aire acondicionado, etc.

- Lleva impreso nuevamente tu CV para tenerlo a la mano en caso de hablar algo relacionado al mismo.

- Pon mucha atención al nombre de quien te entrevistará y repítelo constantemente durante la entrevista. Nos encanta escuchar nuestro nombre y cuando alguien lo menciona le damos atributos de cercanía y amabilidad. Pregunta también y recuerda el nombre de quien te recibió y de todas las personas con las que tuviste contacto, para que al despedirte lo hagas por su nombre.

- Antes de empezar, trata de hacer comentarios que halaguen a quien te entrevista exaltando cosas positivas de su empresa u oficina. Nuevamente te recomiendo que sonrías mucho pues harás sentir que estás cómodo y tranquilo, mientras te muestras como una persona amable. Por lo tanto, al entrar a la oficina, después de saludar con una amplia sonrisa, puedes hacer un comentario del tipo: "Qué bonita vista tienes desde tu oficina", o: "En el elevador vi un comunicado de que recibieron un premio, muchas felicidades." Nunca hagas comentarios halagadores sobre la apariencia personal de tu contraparte pues están fuera de lugar.

- Un detalle muy sibarita es llevar tarjetas de presentación personales, con un buen diseño y nuestros datos de contacto. Entrégala en caso de que tu entrevistador al presentarse te de la suya, generarás así la percepción de que aunque estés buscando empleo, estás ocupado y trabajando.

- Durante la entrevista señala brevemente el mensaje que quieres transmitir mediante frases del tipo: "Yo puedo aportar..." y ahí pon tu habilidad, valor agregado o experiencia. Una regla de oro, no nada más para la entrevista sino para toda la vida es: siempre escucha más de lo que hablas, el silencio es un gran instrumento de poder.

- Actúa y responde con naturalidad y no llegues pensando en lo que dicen tantos blogs sobre: "Cómo responder a preguntas difíciles." La realidad es que los reclutadores son profesionales que quieren encontrar a la mejor persona para el puesto y no ganan nada haciendo sufrir al entrevistado con preguntas capciosas o incómodas, por lo que no te dejes llevar por lo que pasa en las películas y leyendas urbanas. Imagínate que estás en una conversación casual con un amigo y no en una rígida sesión de análisis y negociación.

• Las únicas respuestas que tendrías que tener planeadas para que salgan con naturalidad, serían las relacionadas con estas preguntas: ¿Por qué te gustaría trabajar aquí? ¿Cuáles consideras son tus defectos? ¿Por qué dejaste de trabajar en tu empleo anterior?, y ¿cuánto quieres ganar? Aquí sugerencias a posibles respuestas:

¿Por qué te gustaría trabajar aquí?

Aunque a tu cerebro le den ganas de responder: "Pues básicamente porque tengo la costumbre de no morirme de hambre y a veces me dan ganas de comprarme cosas bonitas", lo recomendable es contestar con el valor agregado que puedes darle a la institución, echarle flores a la empresa y rematar con el beneficio personal. Ejemplo: "Porque puedo aportar mucho a esta organización con mis conocimientos y experiencia, además considero que es un gran lugar para trabajar, he visto los reconocimientos que tienen y me encanta el servicio que ofrecen. Además trabajar aquí me hará crecer en lo profesional y me dará mucho orgullo decir que soy parte de esta empresa."

¿Cuáles consideras son tus defectos?

—Y dígame, ¿cuáles son sus defectos?

—Que soy una persona muy honesta.

—Pues yo no considero que la honestidad sea un defecto.

—Y a mí me vale madres lo que usted piense u opine.

Defectos y virtudes. Todos tienen sus pros y sus contras, sus lados positivos y sus lados negativos. Lo que puede ser en un momento una gran virtud, en otro puede ser el más terrible de los defectos y viceversa. ¿Ser reservado es una virtud o defecto? ¿y ser divertido y no dejarse llevar por las reglas? ¿Confiar en los demás?...

Por eso debes hacer un ejercicio de introspección para que, sin caer en clichés, puedas mencionar tus verdaderos defectos que en realidad son virtudes y tus virtudes que pueden llegar a considerarse defectos. Pero que finalmente ambos te hacen humano y no afectan en tu percepción como futuro colaborador. Por lo tanto, omite cualquier defecto que sí sea una desventaja para el puesto como: "Soy una persona muy floja" o "me distraigo fácilmente y no puedo cumplir con mis compromisos". Deben ser más del tipo: "Soy una persona muy terca que debe conseguir lo que quiere y lo que se propone. Eso me ha traído problemas aunque también me ha hecho llegar hasta donde estoy y conseguir muchas cosas", o: "La nobleza. Sé que puede sonar a virtud pero la verdad es que soy una persona alejada de problemas y que le gusta vivir en paz y ser feliz. Esto a veces ha hecho que personas abusen de mí con tal de evitar conflictos."

¿Por qué dejaste de trabajar en tu empleo anterior?
Aquí la respuesta debe ser muy breve y no ahondar en detalles, chismes, dimes y diretes. Si saliste de una organización es porque forzosamente hubo algo que ya no gustaba a alguna de las dos partes. Y ya sea que el motivo haya sido el dinero, hartazgo, poco crecimiento o conflictos laborales, lo recomendable es responder con confianza: "Salí por crecimiento personal y profesional; estoy convencido de que puedo aportar mucho más con mi talento."

Ya será responsabilidad de quien te va a contratar de contactar a tus empleos pasados para pedir referencias y escuchar razones. Por eso es de extrema importancia terminar sanamente nuestras relaciones laborales, incluso solicitar cartas de recomendación a nuestros pasados empleadores.

¿CUÁNTO QUIERES GANAR?

Para responder a esta pregunta debes llegar a la entrevista con una cifra en mente producto de dos factores: cuánto ganabas en tu empleo anterior y en cuánto está tasado ese puesto en el mercado. Haz una investigación con empresas de talento humano quienes tienen tabuladores de rangos de sueldos para esos precios, si ese rango es menor a lo que ganabas en tu empleo anterior, no lo tomes como referencia y usa de parámetro tu último salario. Si ese tabular es mayor, olvídate de tu último empleo y toma este nuevo rango como referencia.

Ahora bien, ya sea que tu parámetro sea el tabular o tu último sueldo, a esa cifra súmale 20% para tener un margen de negociación. Y a menos que te lo pregunten, ¡nunca reveles cuánto era tu sueldo anterior!

Ya que tienes la cifra, la manera correcta de responder es no revelando el número hasta que explícitamente te pidan una cantidad. La respuesta acertada a cuánto quieres ganar sería: "A mí lo que me importa es crecer y demostrar que doy resultados, sé que eso me ayudará a ascender en esta organización y terminaré ganando lo que ustedes consideren en sus métricas." Ya si te preguntan de cuánto estamos hablando, tendrías que decir: "De acuerdo a mis necesidades personales y experiencia previa, mi sueldo ideal es de..." Trata de no llegar a este punto pues siempre es mejor recibir ofertas, ya que éstas muchas veces son mayores a lo que nosotros esperábamos.

Está comprobado que después de entrevistar a todas las personas que compiten por un puesto, la decisión siempre favorecerá a quien haya dado la mejor imagen durante la entrevista, sin importar que otro candidato tuviera un currículum más amplio. Es lógico, quien se haya preocupado en generar estrategias de percepción poniendo en armonía todos estos pequeños pero importantes detalles, tendrá una ventaja competitiva sobre los aspirantes que no saben controlar el proceso de estimulación verbal y no verbal. Pues, como ya dijimos, a la hora en que la persona que contrata va a tomar la decisión, se basará en quien le haya generado la percepción de que sirve mejor, será una pieza de calidad y se convertirá en valor agregado para la institución. Cuando los reclutadores encuentran al candidato ideal para el puesto que les estaba haciendo falta se ponen muy felices, por lo que las empresas tienen grandes expectativas cada vez que contratan a alguien pues tienen la esperanza de que mejorarán. Tú de momento ya cumpliste con las expectativas. Ahora toca el turno de mantenerlas y trabajar para que no se caiga esa felicidad.

Antes de continuar y empezar a ver cómo hacerle para mantener las expectativas, ¿sabías que en una entrevista de trabajo también debes ser tú el entrevistador?... ¡Claro! Recuerda que es como una cita romántica. Una cosa es hacer que se enamoren de ti y otra muy diferente es decidir si te conviene o no empezar una relación formal.

Veamos pues, cuáles son las diez preguntas que debes hacer antes de darle el sí a un nuevo trabajo. ¡Pero ojo! Tienes que entender que estas preguntas se hacen cuando ya sabes que eres la persona elegida, pues como en cualquier *date*, primero tienes que enamorar y ya después te puedes dar a desear.

Por lo tanto, para averiguar si esa empresa es para ti, haz estas preguntas posteriores a la entrevista de trabajo y si las respuestas te satisfacen... ¡pues a firmar contrato!

1.— ¿Qué esperan de mí en los primeros tres meses?
Preguntar sobre metas trimestrales para la posición es clave para establecer si estás listo para lo que se viene. Si el entrevistador o gerente potencial no da una respuesta clara, ¡prende la alarma!, eso quiere decir que no tiene ni idea de lo que espera

de tu puesto y por lo tanto no podrán medir tu desempeño para recompensarlo.

2.— ¿Cuál es el mayor reto que enfrentaría en esta posición?
La respuesta te puede dar una visión general de la política de la empresa y sabrás si encajas ahí. Pero si te dicen que no hay tantos retos, ¡aguas!, porque siempre hay desafíos y entre menos presentes los tengan tus jefes, menos valorarán tus esfuerzos para enfrentarlos.

3.— ¿Si tuvieras que describir la personalidad ideal de un miembro de esta organización, cómo sería?
Esta pregunta es una necesidad. La mayoría de los reclutadores pueden identificar fácilmente el tipo de persona que tendría éxito en sus organizaciones. Su respuesta te dará una mejor idea de si tú tienes cabida allí y te abrirá los ojos de cómo tienes que conducirte en caso de aceptar el trabajo.

4.— ¿Qué capacitaciones tendré que ayuden a mi desarrollo personal y profesional?
Saber el compromiso de la empresa con el desarrollo y la capacitación continua dice mucho. Por ejemplo, si no invierten en entrenamientos o no procuran impulsar a su capital humano, generalmente serán empresas explotadoras en las que sólo buscan ganar ellos.

5.— ¿Cuál ha sido la trayectoria profesional típica de este puesto?
Es importante saber si podrás crecer y hacia dónde lo han hecho quienes estuvieron ahí antes que tú. Si estás interesado en subir la escalera corporativa y un empleador te dice que espera que te quedes en el puesto hasta que te jubiles, ¡huye de ese infierno pues ahí no hay cielo laboral!

6.— ¿Cuál es la cultura de la empresa y sus normas de conducta y apariencia?

Si quieres un trabajo que permite horario flexible o que te dé chance de llevar a tu perro, necesitas conocer cuáles son los usos y costumbres de la empresa antes de darle el sí. Puedes preguntar desde cuáles son las políticas de vestuario, horarios y comida; hasta cómo equilibran trabajo/vida o cómo es un día típico en la oficina.

7.— ¿Mi remuneración cuenta con un programa de bonos?

No seas tímido, pide todos los detalles de tu pago de salario base y si hay programas de bonificación antes de aceptar la oferta. Tú también estás trayendo valor a la mesa, así que no se vale sentirse inferior o en desventaja ante el entrevistado. Al final del día, se trabaja para recibir un pago, por lo que necesitas seguridad de que la compensación es la adecuada.

8. ¿Cuáles crees que son los tres mejores activos de la empresa?

Una de las respuestas debe ser "empleados". Si ni siquiera los mencionan, ya te imaginarás lo importante que serás para la empresa, así que tal vez no valga la pena firmar.

9.— ¿Cuál será mi lugar de trabajo?

Puede sonar tonto, pero pasarás muchas horas ahí, así que si vas a vivir en un sótano sin ventanas es mejor saberlo desde antes de tomar la decisión.

10.— ¿Por qué te gusta trabajar aquí?

Esta es clave porque puede decirte mucho. Como es inesperada no les da mucho margen de maniobra a los entrevistadores. Si alguno titubea o tarda mucho en contestar, es preocupante. A veces muchos ya tienen ensayado qué contestar sobre la cultura o políticas de la empresa, por lo que se responde de manera mecánica, pero con esta pregunta la respuesta es más emocional.

Ahora, tienes que ser muy delicado y asertivo al formular estas preguntas, no se trata de que tú tomes el control de la entrevista ni la situación de poder. Si despiertas sentimientos de que estás siendo arrogante, te estás poniendo tus moños o piensas que nadie te merece... ¡Te darán puerta! Recuerda que nadie es indispensable y hubo otros que seguramente también generaron buenas percepciones durante la entrevista.

Así las cosas, toca el turno de entrar a trabajar y dar las primeras buenas impresiones. El primer día de trabajo es similar al primer día de escuela. Emociones encontradas de felicidad y miedo, insomnio la noche anterior, desvelada para arreglarnos y salir con tiempo pues aún no conocemos bien la ruta y la rutina; y muchas expectaciones de saber cómo serán tus compañeritos y figuras de autoridad. La única diferencia es que no te acompañará tu mamá hasta la puerta y llorará contigo hasta aplacar tus miedos y darte valor (a menos que seas un Godín Millennial y chance mami sí te acompaña 😊.)

Pero antes de entrar a todas las recomendaciones para tus primeros días en la empresa, quiero puntualizar que esas recomendaciones deben mantenerse durante toda tu trayectoria laboral. No vayas a ser como esa pareja que mientras se estaba enamorando se arreglaban mucho, se decían cosas bonitas y procuraban el bienestar común, pero que al año andan todos fodongos, carentes de detalles y agarrándose del chongo diario. Nunca te confíes en tu relación laboral ni des por asegurada la chamba, pues aunque la costumbre es canija, en una de esas te mandan a volar y te cambian por quien les guiñe tantito el ojo.

Por lo tanto, antes de empezar, veamos al que, dentro de los 7 Pecados capitales Godínez se considera como el de mayor transgresión en el crecimiento laboral. Levántate, espabílate y pon mucha atención para no caer en la tentación del...

Primer Pecado Capital Godín

Pereza:
productividad, puntualidad y ocio en la oficina

"El deseo del perezoso le mata, porque sus manos no quieren trabajar... como el vinagre a los dientes y el humo a los ojos, así es el perezoso en el trabajo."
(Proverbios 21:25 10:26)

ereza, el pecado capital Godín por excelencia. Dicen que el ocio es la madre de todos los vicios, y al ocio Godín, madre de todos los vicios laborales, se le conoce como el "Oficinismo".

EL OFICINISMO Y LA PRODUCTIVIDAD

El Oficinismo no es otra cosa más que todas las prácticas y conductas de oficina que están alejadas de nuestro actuar profesional por el cual hemos sido contratados. La oficina es prácticamente nuestro segundo hogar, es el lugar en el que transcurre gran parte de nuestras vidas y en el que nos suceden gran cantidad de anécdotas, vivencias y sentimientos encontrados que producen todos los días desde risas hasta llanto. La oficina se ha convertido en nuestro micro mundo y sus habitantes en nuestros queridos amigos o temidos enemigos, y si me dejan ir más lejos, hasta podría atreverme a afirmar que en la oficina construimos alternativas figuras paternas, maternas, fraternas y filiales, con las que hemos desarrollado formas de comportamiento y convivencia típicas que se dan en todos los ambientes laborales.

En la oficina, los ocupantes hemos desarrollado formas clásicas de comportamiento que todos siguen y se han convertido en patrones típicos de conducta. Son tantas y tan fáciles de reconocer que para este punto del libro ya hemos ejemplificado varias y seguro te has visto identificado con alguna de ellas. Al Oficinismo también se le conoce como godinear, cotorrear, convivir, socializar, hacer migas o, la más Godín de todas: "Echar el chal." Peculiar expresión de origen indefinido, pero muy usada en la oficina, para referirnos a una mezcla entre platicar, chismear, salir a pasear con los compañeros, visitar a alguien en su lugar de trabajo con fines lúdicos o recreativos; o simplemente estirar la liga para regresar a trabajar mientras se conversa de todo y nada.

Echar el chal es lo que el Godín hace aproximadamente la primera hora de su jornada laboral, en la que requiere de un estimulante que permita despertarlo y arrancar la maquinaria, así que buscará el mejor combustible que el hombre ha creado para ello: el café. Por lo que de esta forma, el lugar en el que se ubica la cafetera y el garrafón se convertirá en el punto informal de reunión en el que hombres y mujeres discuten los incidentes deportivos de la noche anterior y los chismes de farándula de reciente aparición, para paulatinamente pasar a los incidentes del ambiente laboral y chismes de oficina, mientras se hacen una imagen mental de lo que se deberá hacer en el día pero ya saben que no harán porque "no les da el tiempo". Es ahí, en la cafetera, donde nacen los rumores acerca de cambios, ascensos, despidos y romances, que pronto serán del dominio de toda la compañía.

Pero llega el turno de irse a trabajar, entonces los Godínez recorren y saludan personalmente a toda la oficina y echan otro micro chal con su círculo más cercano de compañeros ya sentados en sus lugares, mientras encienden sus equipos y acomodan todo para ahora sí dizque trabajar. En este espacio es donde se regresan lo prestado, se intercambian recetas de cocina, dietas milagrosas y se dicen halagos los unos a los otros intercalados con un *mobbing* (bullying de oficina) buena onda y que a nade hiere. Obvio también despotrican contra jefes, pares y subordinados, y se quejan nuevamente de las mil y una cosas que tienen que hacer y no harán porque "no les da el tiempo".

Toca el turno de echar el chal digital, por lo que con el pretexto de checar sus mails, abren su computadora o teléfono y empiezan a navegar en un sinfín de redes sociales, refrescándolas insaciablemente y saltando de una a otra para responder mensajes sociales y compartir contenidos de gran utilidad como lo son gatitos tiernos, memes hilarantes e imágenes candentes que invitan a un receso en el baño a puerta cerrada. Obvio, despotricarán en esas redes contra todo lo que no les parece, y a la primera de cambio se quejarán de que son explotados laboralmente y que es inhumana la carga de trabajo que les piden y que "no les da el tiempo para hacer lo que tienen que hacer".

Así llegan al mediodía y los Godínez necesitan un descanso, por lo que toca el turno de echar el chal con un cigarrito o saliendo a la cafetería de la esquina, porque todos sabemos la gran diferencia entre el digno y gratuito café de la oficina y el extremadamente sobrevaluado y caro del Starbucks, además de que no existen apps de servicio a domicilio que podrían dejártelo en tu lugar de trabajo.

Ya casi es hora de la comida pero antes toca festejar al cumpleañero en turno, quien se merece dedicarle tiempo para hacerle una decoración digna de fiesta infantil y un convivo en el que se echa el chal sobre los sabores de pasteles favoritos, los mejores lugares para festejar, las dietas que se están rompiendo y despotricar que no se puede comer bien porque todo es trabajar y trabajar y "no les da el tiempo ni para comer".

Pero curiosamente llegan los sagrados alimentos y con ellos mágicamente se abre el tiempo del mejor esparcimiento social. Aquí se echa el chal con sana alegría y los comercios casualmente siempre tienen la culpa de los retrasos pues tardan mucho sirviendo y trayendo las cuentas. Se regresa al lugar de trabajo y se empieza a sufrir del terrible "mal del puerco", por lo que el cuerpo pide reposar para después necesitar nuevamente combustible y repetir el ritual mañanero alrededor de la cafetera, modificando la conversación a que el día se les está yendo de volada y "no les ha dado tiempo de hacer nada".

La tarde suele ser momento para la realización de compras online, trámites personales y compras en abonos a ese personaje que, si bien no estamos seguros de que trabaja ahí, es como si fuera otro compañero más y vende joyería, imitaciones de bolsas y relojes de marca, y adquisiciones que se harán a precios de ganga y en fáciles abonos quincenales. Pero como esas compras requieren de recursos adicionales al salario, tampoco faltará la compañerita que organice una tanda, especie de aportación mensual que se convertirá en préstamo sin intereses o en ahorro forzado sin rendimiento, todo dependerá del turno que te haya tocado para recibir el dinero acumulado que ¡uf! siempre será un respiro. Por supuesto también existe su variante en forma de quiniela, metiéndole al mecanismo de aportación de dinero la emoción de las apuestas. La ventaja que tiene la quiniela sobre la tanda, es que el ganador llevará adicionalmente el reconocimiento de ser un gran conocedor de la materia en juego. Todo este comercio es un buen momento para echar el chal con todos los involucrados.

Y llega el momento de abandonar la oficina, por lo que media hora antes el Godinato se va preparando, pues guardar sus cosas, apagar equipos y echar un chal al despedirse personalmente de toda la oficina es un trámite tardado... y ni que les pagaran horas extras por su arduo trabajo. Además, la salida se llena mucho y hay que ganarle al tiempo, que por cierto, fue muy poco y "no les dio tiempo para hacer nada".

Esto es el Oficinismo. Y si a esto le sumamos las fechas especiales como el Día de San Valentín, Halloween y por supuesto Navidad, donde se llenan los escritorios con post—it y paletitas con forma de corazón, fantasmita o con tarjetitas que llevan un lindo pensamiento y una ilustración tierna; de los aproximadamente 250 días laborales del año, si los Godínez practicantes del Oficinismo realmente trabajan la mitad, estoy exagerando. Por lo tanto, a este tipo de Godín al preguntarle: ¿A qué te dedicas?, honestamente tendría que responder: en las mañanas no hago nada y por las tardes descanso.

Entonces, el mejor consejo que te puedo dar en este capítulo para combatir el ocio de oficina es el más simple de todos: ¡Evítalo!

Y no estoy diciendo que te conviertas en el apestado o amargado de la oficina. Participa del Oficinismo pero no seas tú quien lo fomente. Una cosa es asistir al pastelito del compañero y otra cosa es ser tú el encargado de comprarlo y decorar el lugar, tu posición debe ser la de: "Estas sooon las mañaniiitas que cantaaaba el Rey David..." y ¡tan tan!, de regreso a trabajar. Como también puedes entrarle a la quiniela, pero no ser el que la arma y administra los pagos. Tienes que ser productivo.

La productividad no es otra cosa más que la correcta administración del tiempo y saber diferenciar entre lo urgente e importante. Para que lo entiendas mejor, te comparto los conceptos que vienen en muchísimos libros de habilidades directivas en cuanto a los cuadrantes de productividad: Lo importante vs Lo urgente.

Si es importante y es urgente: ¡Ocúpate! Ese el cuadrante de la Acción y la Ejecución, en donde se encuentran los deadlines y las operaciones diarias. También es el cuadrante del estrés y en el que se encuentran generalmente los colaboradores de mandos bajos, staff de servicio y operarios. Sin importar el rango jerárquico, habrá muchos momentos del día en el que nos encontremos en este cuadrante y donde la ejecución debe de hacerse con calidad; hay que estar conscientes de que mientras más importante y urgente dejamos que se haga un suceso, mayor será el estrés y menos garantizaremos su calidad.

Si es urgente pero no es importante: ¡Delégalo! Este es el cuadrante de las interrupciones, de los accidentes y de los bomberazos. Es el de la junta a la que te convocaron pero no tienes nada que hacer ahí, o el de pasar a recoger una mensajería urgente en un lugar y horario específico. También es el cuadrante de los problemas personales como una pinchadura de llanta o que el perro se quedará solo en casa durante el viaje de negocios. Por lo tanto, si puede hacerlo alguien más, mejor, o postérgalo lo más posible hasta que pase al cuadrante de lo que es importante y urgente, y ahí sí ni hablar, manos a la obra.

Si es importante pero no es urgente: ¡Disfrútalo! Pues ahí está el cuadrante de la Dirección y por lo tanto de la Productividad y de la Calidad. Es en donde está la previsión, la planeación y la organización. Es el cuadrante de los cuerpos gerenciales y directivos que deben supervisar, controlar y dirigir equipos de trabajo. Es el cuadrante del liderazgo y en donde debe ubicarse la gran mayoría de tu día si tu puesto no es de operario. Pero aun siéndolo, debes demostrar a tus superiores con propuestas de mejora, productividad y pensamiento estratégico, que estás listo para ocupar este cuadrante.

Si no es importante y no es urgente: ¡Evítalo! Este es el cuadrante del Ocio y como consecuencia de la Improductividad. Es el cuadrante del Oficinismo y de Echar el chal. Es tristemente el cuadrante en donde se la pasa la gran mayoría de la gente que no crece en la organización. Es el cuadrante del que te invito a salir y al que sólo debes entrar cuando exista la conveniencia del *networking* de oficina o porque tus superiores así te lo indican, como lo es en las fiestas de fin de año o demás convivios Godínez. Ahora bien, es natural y sano de vez en cuando entrar a este cuadrante por nuestras propias vías para despejar la mente y romper un poco con la rutina, pero más te vale que no tengas nada pendiente en los cuadrantes de Lo importante, pues sería una pérdida de lo más valioso que tenemos: el tiempo.

Y ya que estamos hablando del tiempo, toquemos un tema que va íntimamente relacionado a él y es el de la puntualidad.

LA PUNTUALIDAD

Si eres aquel que al llegar a la oficina y dice "buenos días" le responden con un: "Tardes ya", vete preocupando; pues pocas de nuestras acciones diarias afectan más a nuestra imagen profesional que la impuntualidad.

No hay nada más molesto que un impuntual, y molesta porque la falta de puntualidad es una total desconsideración y falta de respeto hacia los demás. LA PUNTUALIDAD ES EL REFLEJO DEL INTERÉS. Por lo que un trabajador impuntual será percibido como desinteresado, pero también como irresponsable, irrespetuoso, desorganizado, descortés, flojo, desfachatado y demás atributos opuestos a lo que un profesionista debe comunicar. ¡Nunca te verás profesional si eres impuntual!

El tiempo es una de las mayores riquezas que poseemos y por lo tanto debemos cuidarlo. La puntualidad siempre será un valor agregado en nuestra imagen pública y un destructor de ésta si no la cumplimos. La puntualidad es extremadamente importante, sobre todo cuando se trata de primeras impresiones, como en una entrevista de trabajo o en una cita con un cliente potencial. El problema es que en general, en México y Latinoamérica, somos sumamente impuntuales, al grado de que en México es el único país que en las invitaciones de las bodas publican que el evento empezará media hora antes de lo real y como ya nos sabemos el "truquito", ¡seguimos llegando tarde! La gente llega tarde al cine, conciertos, teatro y comidas... y por supuesto a juntas, citas, eventos corporativos y demás responsabilidades laborales; argumentando tonterías como "había mucho tráfico", "me entretuvieron mucho en otra cita", "se retrasó mi agenda porque un prospecto llegó tarde" o simplemente "no calculé bien los tiempos".

Y digo tonterías porque, si vives en una ciudad con tráfico, no debería ser sorpresa encontrarte con tránsito lento, si te entretuvieron en otra cita, es porque no tuviste la agilidad y asertividad de terminarla a tiempo o cortarla argumentando respeto a tu siguiente compromiso; si retrasaron tu agenda otros impuntuales, es porque lo toleraste y los esperaste, y si no calculaste bien los tiempos, vaya, si algo tan sencillo no lo puedes hacer, dudo que deseen trabajar proyectos más importantes contigo. Es tan grave el problema de impuntualidad, que las empresas han tenido que poner los absurdos Bonos de puntualidad. O sea ¿en serio te pagan más y premian por cumplir con lo que debe ser una obligación? ¡Vaya fomento a la mediocridad!

Ahora bien, a veces nos pueden pasar imprevistos como un accidente o que quien nos retrasa es un cliente sumamente importante. Estas excepciones son fácilmente tolerables por los demás, pero ojo con lo que digo: EXCEPCIONES, pues si ya te hiciste fama de que eres extremadamente puntual, te creerán que fue algo que se salió de tus manos y no una constante.

Dijimos que la puntualidad es el reflejo del interés, y sí, habrá momentos en que puedas darte el lujo de ser impuntual, como aquellos en los que tú tienes la situación de poder. Ejemplo, no es lo mismo llegar tarde a una entrevista de trabajo, que recibir tarde como reclutador a quien viene a pedirte chamba. Como tampoco es lo mismo llegar tarde a una comida cuando tú eres el vendedor e invitaste, que cuando eres el comprador y te invitan. Ahora bien, esto no quiere decir que sea recomendable pues sigue siendo una descortesía, lo único es que no daña tanto nuestra imagen pública.

Por lo tanto, he aquí unos simples consejos que nos ayudarán a ser puntuales y a manejar el reloj como todo un God—in!

- Ten la costumbre de llegar a tus citas con 10 minutos de anticipación. Estos diez minutos te ayudarán a ganar tiempo si sucede algún imprevisto; serán fundamentales en los procesos de estacionarte o caminar desde el transporte público y anunciarte en recepciones. Ahora bien, llegar antes no significa que debas anunciarte o apresurar al otro, pues anticiparse también es de mal gusto y podría incomodar a la contraparte, además de que serás percibido como que no tienes nada mejor que hacer. Y decir diez minutos es una mera recomendación, pues siempre digo que más vale llegar una hora antes que un minuto después.
- Llega a la oficina con puntualidad inglesa, inclusive entra unos minutos antes. Hazte la fama con tus jefes y compañeros de que cuando ellos llegan tú siempre estás ahí. Obliga a que la gente te tenga que saludar al llegar y no tú a ellos. Esto te dará bonos al ser percibido como una persona responsable, activa, organizada y que le interesa su trabajo.
- Programa y pacta tus citas, juntas y reuniones, no solamente con horario de inicio, también de término. "¿Te parece bien si nos vemos el jueves 22 de las 14:30 a las 15:00 horas?"
- Contempla siempre los tiempos de desplazamiento de una cita a la otra, inclusive cuando son dentro de la misma ofi-

cina. Si esa cita terminaba a las 15:00, programa la siguiente a las 15:10, pues siempre al terminar una reunión se pierden tiempos en despedidas, acompañar a la persona a la puerta, idas al baño, llamadas y demás.

- Siempre pacta tus compromisos siendo puntual y explícito en el día de la semana y número del mes. No digas: "Nos vemos este jueves" o "el próximo jueves nos reunimos", pues siempre se presta la confusión entre los términos "este", "el próximo" y "el siguiente". Por eso tienes que decir: "Nos vemos este jueves 22 de agosto", para después acordar la hora en horario oficial para evitar confusiones entre a.m. y p.m. (a las 19:30, no a las 7:30).

- Programa antes de dormir tu agenda, rutas y tiempos del día siguiente. Organiza tus días sin congestionarlos, teniendo previsión aun de lo imprevisto; si ponemos dos compromisos en el mismo día y sabemos que a uno de ellos llegaremos justos o un poco retrasados, mejor posponlo para no quedar mal. Programa despertadores 10 minutos antes de lo que tu planeación dictaba y no hagas trampa haciendo conciencia de que tienes 10 minutos de ventaja.

- Ponle tiempos también a cada una de las actividades mañaneras de tu rutina, ¿cuánto tiempo te tardas en bañarte, en vestirte, en desayunar, etc.? Si sabes que tienes 20 minutos para desayunar y ya vas en 21... ¡Ya vas tarde!

- Si por imprevistos fue imposible llegar puntual, solamente pide disculpas y no des explicaciones y excusas. Pretextos como culpar al tráfico, al clima y demás, solo harán que la otra parte se cuestione ¿y por qué yo sí pude llegar a tiempo?

- Si se presentan retrasos, una llamada telefónica o mensajito avisando que vamos a llegar tarde puede resolver la mayoría de las situaciones, pues la otra persona puede hacer más actividades y no estar esperándonos. Ahora bien, avisa que vas tarde quince minutos antes de que sea la cita y no cinco minutos después, como lo hace la gran mayoría de los impuntuales. También, avisa cuánto tiempo vas retrasado y pacta un nuevo horario. Hoy existen muchísimas aplicaciones que nos dicen a qué hora estaremos en nuestro destino, por lo que un simple mensaje de WhatsApp diciendo: "Una disculpa, por un imprevisto voy retrasado 12 minutos y según Waze llegaré a las 8:42. Una disculpa nuevamente", aminorará la falta.

- No toleres la impuntualidad en los demás por lo que, a menos que la otra persona esté en situación de poder sobre ti, no recibas a los impuntuales y pospón tus compromisos con ellos. Yo por política, si una persona trae 15 minutos de retraso y no me ha avisado, al minuto 16 doy por cancelado el compromiso. Cuando llegan se les dice: "Qué pena, su cita era a las 9:00 y como ya son las 9:19 pensamos que no vendría, y por respeto a la agenda y otros compromisos la cancelamos." Es sorprendente cómo nunca más llegarán tarde a una cita contigo.

- Si te avisan que van a llegar tarde y tu agenda lo permite, recibe a las personas sin hacerlas sentir mal, pero sólo avísales que el horario de término pactado debe respetarse, por lo que se acortarán tiempos.

- No toleres tampoco la impuntualidad en tus equipos de trabajo. Si citaste a una junta a las 11:00, a esa hora en punto cierras la puerta de la sala de juntas y ya no dejas entrar. Si por alguna razón la participación del impuntual es fundamental, lo dejas pasar pero le haces saber tu molestia por el retraso. Es muy importante que si tienes cuerpos ejecutivos subordinados a ti, prediques con el ejemplo. Si el jefe es impuntual, todo su equipo lo será. Si la entrada es a las 9:00 y el jefe comúnmente se presenta a las 9:40, la gente irá llegando aproximadamente a las 9:30, pero si la entrada es a las 9:00 y el jefe acostumbra llegar a las 8:55, difícilmente la gente no respetará su horario de entrada.

- Ser puntual también implica ser puntual con nuestra palabra y compromisos. Si acordamos que la propuesta estaría lista en dos días, en dos días exactos debes mandarla. Si te comprometiste con un cliente que cierto día por la mañana le harías llegar su pedido, no puedes entregarlo por la tarde y mucho menos al día siguiente. Si algo daña tu imagen pública, es que te tengan que andar buscando para darle seguimiento a tus promesas. Recibir un mail con frases como: "Quedaste en enviarme ayer la propuesta y no la recibí ¿cuándo me la mandas?" o: "No recibí ayer mi pedido, ¿sabes qué pasó?", son signos lapidarios de que estamos dañando terriblemente nuestra reputación.
- También respetar cada uno de los compromisos operativos de nuestro día a día es ser puntuales. Por lo tanto, ponle tiempos y horarios a tus actividades y compromisos para ir sacando la chamba poco a poco. Procrastinar es de los peores hábitos laborales, y si no sabes el significado de esta palabreja, es lo que las abuelas decían como: "No dejes para mañana lo que puedes hacer hoy."
- Finalmente, mantén informados a tus superiores sobre avances y fechas, esto suma a la percepción de que eres puntual, pues les ayudas a su trabajo de supervisión y control, además de que les evitas las dudas sobre cómo van las cosas y si estás trabajando en ello.

Seguro puedes llegar a pensar en por qué esforzarnos en ser puntuales si todos los demás son una bola de impuntuales, pero quiero que sepas que si te empiezas a hacer una imagen de que tú si eres puntual, los demás respetarán tus tiempos, pues saben que contigo el tiempo es exacto y preciso. Además, siempre que se abra una plaza laboral con posibilidades de ascenso, el puntual tendrá muchas más probabilidades de ocuparla del que no lo es; por lo tanto, si tus pares son impuntuales y tú no, buenas noticias para ti.

Y si durante este capítulo dedicado a la puntualidad en algún momento pensaste la mediocre frase de: "Sí, ok, llego tarde... ¿pero por qué no se fijan a qué hora salgo todos los días?", te tengo pésimas noticias. Ser puntual no solamente es con nuestro horario de entrada, sino también con el horario de salida. Contrario a lo que se piensa, tenerse que quedar a trabajar después de nuestro horario de trabajo no es signo de compromiso y productividad, sino todo lo contrario. Si no te alcanza tu horario laboral para sacar el trabajo diario, algo estás haciendo mal. Por lo tanto, llegada la hora exacta de tu salida... "¡Vámonos que aquí espantan!"

Y siguiendo las divinas enseñanzas y reflexiones que nos dejó este Pecado capital, recapacitemos y aprendamos del...

Segundo Mandamiento God—in!

Honrarás la puntualidad

Nos habíamos quedado en que el primer día de trabajo era como el primer día de escuela, con la diferencia de que mamá no iba a estar ahí para ayudarnos (y me eché un chiste anti Millennial, por lo que aprovecho para pedirte perdón, querido lector nacido después de mediados de los 80, ya sabes que los rucos despotricamos siempre contra ustedes en la chamba hasta que debemos convertir un PDF a Word, ahí sí se convierten en dioses).

Pero no me pierdo, ahora veamos las mejores recomendaciones para dar una buena primera impresión en tu nueva oficina.

PRIMEROS DÍAS DE TRABAJO

"La primera impresión es la que cuenta", frase trillada que has escuchado miles de veces, pero si es tan trillada y común, es porque es cierta. Antes, los abuelos la decían porque la experiencia les garantizaba la veracidad de esta máxima. Hoy, tenemos cientos de estudios científicos de Psicología de la imagen que lo comprueban a través de las neurociencias.

Estos estudios dicen que el proceso cerebral que decodifica los estímulos para sacar una conclusión y opinión sobre una primera impresión, toma unos cuantos segundos. ¿Cuántos? Los científicos no se ponen de acuerdo. Para científicos de la Universidad de Yale son dos décimas, pero hay otros que dicen que son cinco y otros hasta doce. ¡Pero da igual los segundos o minutos exactos que sean! Lo importante es que desde los primeros momentos en los que empiezas a tener contacto con tus compañeros de oficina, estos crearán un prejuicio que sentará las bases para el resto de la relación profesional.

¡Por eso tus primeros días en el trabajo son tan importantes! Aquí es donde se logra la empatía con tus jefes, pares y subordinados; haciendo que te puedas meter en su corazón (sí, suena cursi, pero como verás, es más científico de lo que crees) para que de esta forma te acepten y posteriormente te ayuden a crecer y no te metan el pie. Además, de acuerdo a la impresión que hayas generado en los primeros días, será la forma en como serás recordado de ahí en adelante y difícilmente saldrás de la etiqueta que te hayan puesto.

Por lo tanto, ¿cómo le hacemos para dar una excelente primera impresión? Te revelaré muchos trucos para lograrlo, pero todos se resumen en esta frase: dirígete al corazón, no al cerebro.

Hace un momento te decía que aunque suene cursi era bastante científico, y es que en realidad no nos estamos dirigiendo al corazón, sino a la amígdala cerebral, que es un conjunto de núcleos de neuronas cuyo papel principal es el procesamiento y almacenamiento de reacciones emocionales. Esta amígdala es muy importante porque nuestra mente decide mayoritariamente basada en sentimientos, y cuando se trata de relaciones humanas, estos sentimientos son los que deciden si hicimos *click* o no, con alguien.

Cuando en los primeros días de trabajo tus audiencias te perciben, no están haciendo un juicio racional sobre tu persona, pues todavía no te conocen para decidir si eres bueno o malo en el trabajo o un buen o mal compañero. Únicamente sienten, haciendo que la amígdala procese emociones agradables o desagradables ligadas a ti, segregando hormonas y demás neurotransmisores que ponen en acción su organismo; predisponiéndolos a aceptarte o rechazarte como un nuevo miembro de la manada. Y esto es la base de la empatía. Es como cuando conoces a alguien en el ambiente social y desde que lo saludas sabes que te va a caer bien o, por el contrario, hay algo que te da mala espina.

Y en este plano de la empatía las cartas están a nuestro favor, pues biológicamente, los seres humanos estamos diseñados para entendernos aunque no queramos. Todo esto sucede gracias a uno de los descubrimientos más importantes de las neurociencias: las neuronas espejo. Que son las que nos hacen llorar si vemos una película triste o regresarle una sonrisa a quien amablemente nos la regaló. Nuestras neuronas "reflejan" la acción de otro, por eso el nombre de neuronas "espejo". Sobre ellas, su descubridor Giacomo Rizzolatti, dice que somos criaturas sociales, por lo tanto, nuestra supervivencia depende de entender las acciones, intenciones y emociones de los demás. Las neuronas espejo nos permiten entender la mente de los demás sintiendo, no pensando.

Por eso me atrevo a decirte que te dirijas al corazón de tus compañeros y te los ganes. Si estás parado frente a las puertas del cielo laboral y ya tienes ese gafete que te las abrirá, aprendamos ahora a jugar el juego de la empatía laboral para entrar por la puerta grande:

- Una vez aceptado el trabajo, conócelo a fondo. Y no me refiero a la inducción de funciones y procesos que te darán, sino que es normal que en los primeros días un nuevo empleado esté como venado lampareado pues no se ubica. Adelántate a esto y solicita si puedes visitar la oficina antes de tu día oficial de entrada. Recorre pasillos, visita el comedor, los baños, el estacionamiento, la administración y cualquier área que te interese. Haz la ruta de llegada desde tu casa un par de veces en diferentes horarios para medir tráficos o ubicar transportes públicos. Haciendo esto, para el primer día de trabajo te sentirás como pez en el agua.
- Como ya lo vimos, sé extremadamente puntual. Lo único es que los primeros días no salgas volando al terminar tu jornada. Si tienen el mal hábito de quedarse a trabajar a deshoras, harán comentarios del tipo: "¿Vieron que se fue luego luego cuando cambió el reloj?, se ve que no le gusta trabajar." Al principio aguántate, ya tendrás tiempo de demostrar que tú sí eres productivo y puedes salir a tu hora.
- No tengas miedo. Ser el nuevo de la oficina trae muchas ventajas porque te ven como aire fresco, algo que rompe la rutina, una nueva oportunidad de tener amigos o hasta un nuevo ligue. No pienses que todos te están criticando o que te ven como una competencia. *Relax*, piensa que para ellos también es algo nuevo y eso es excitante. Ellos desean que seas buena persona y quieren que tú les caigas bien.

- Lleva una tablet o libreta. El primer día de trabajo es de mucho aprendizaje e información, por lo que no puedes olvidar nombres, puestos, funciones y procesos. Recuerda también la importancia de memorizar el nombre de las personas con las que interactúas para que, así como le hiciste en la entrevista con el reclutador, puedas repetir sus nombres y agradarles. Ten esquemas del organigrama a la mano para que nunca te sientas perdido en el quién es quién.

- Saluda amablemente a todas las personas que veas y preséntate, aunque ya lo hayan hecho o lo vayan a hacer formalmente los de recursos humanos. Un buen tip es imaginarnos que ya conocemos a la otra persona y nos cae bien, de esta forma nuestra sonrisa y lenguaje corporal será muy natural, además de que se activarán las neuronas espejo de la contraparte y sentirán lo mismo que cuando los saluda alguien que les cae bien.

- Manda un mail general a las personas con las que tendrás contacto mostrando tu felicidad de empezar a trabajar, compartiendo tus datos y ofreciendo tu disposición de ayuda en lo que se requiera. También puedes solicitar el apoyo que seguramente necesitarás. Ejemplo: "Estimados todos, si bien ya me presentaron los de RH, no tuve la oportunidad de compartirles que estoy muy contento y entusiasmado de empezar a trabajar con ustedes. Les dejo mis datos de contacto para lo que les pueda ayudar y aprovecho para disculparme porque seguramente les estaré dando lata en lo que le agarro a los procesos. Será un gusto irnos conociendo más, quedo a sus órdenes."

- Los primeros días sé más pasivo en cuanto a tus actitudes y conductas sociales, no confundas ser amable con ser demasiado extrovertido, sociable o hacerte el chistoso. La gente en la oficina ya tiene sus roles, y si uno era ya el chistoso, se sentirá desplazado y te verá como amenaza. Pasa lo mismo con cualquier otro rol: el servicial, el positivo, el mamila que cae bien, etc. Poco a poco irán descubriendo tu personalidad y adoptarás tu propio rol sin provocar envidias ni malos comentarios. De entrada solo sé muy amable y servicial, sonríe mucho y saluda a todos.

- Muestra una actitud proactiva en lo profesional. En los primeros días siempre es común que exista mucho tiempo muerto, por lo que en vez de quedarte sentado en tu lugar sin saber qué hacer, acércate a tus jefes y compañeros y muéstrales tu disposición para ayudar. Ahora bien, no asumas ninguna responsabilidad sin preguntar, pues más que quedar como proactivo, quedarás como entrometido: "¿Y quién te dijo que hicieras eso?", se preguntarán tus jefes.

- Deja tu celular en un cajón. Con los tiempos muertos, el principal captador de tu atención será tu teléfono y las redes sociales, evita que los primeros días te vean con la cabeza agachada en una pantalla pues generarás una pésima impresión. También evita por completo el uso de audífonos durante tu primer mes de trabajo (y si lo haces para el resto de tu vida laboral, mejor).

- No quieras llegar a revolucionar la oficina aunque pienses que estás haciendo mejoras. La gente está acostumbrada a su rutina y procesos, y verán con malos ojos a quien se entrometa. Primero gánate la empatía y la confianza, ya tendrás suficiente tiempo y autoridad moral para ir poco a poco metiendo tu cuchara.

- No tengas temor a consultar sobre tus dudas, muéstrate muy receptivo y agradecido ante las sugerencias o correcciones de tus colegas; inclusive si piensas que lo que estabas haciendo era correcto. Los primeros días no son momento de demostrar independencia ni lucha de poder. Pregúntale mucho sobre todo a tus superiores, pues es a ellos a quienes debes satisfacer, además, como estás en la curva de aprendizaje, es cuando se encuentran más receptivos y con mejor actitud hacia tu persona; por LO que es el momento ideal para empezar a ganártelos.

- Los primeros días de trabajo no son momentos para "tomarse descansos", por lo que no abandones tu lugar de trabajo ni hagas recesos de cigarro o café, sólo hazlo mediante invitación de tus compañeros. De hecho, asiste a cuanto evento Godín extra oficina se te invite. Si te dicen: "Vamos a salir a comer a la esquina, ¿gustas?", di que sí. Rechazar las primeras invitaciones cierra las puertas de la empatía, por lo tanto los nuevos no pueden darse el lujo de negarse.

- Convive no sólo en los eventos fuera de la oficina, también empieza a hacer *networking* de corte personal y profesional. Una ligera charla de café, empezar a conocer sobre los gustos de tus compañeros, compartir detalles de tu vida personal o sentarte a comer acompañado, son pequeños ejemplos de muchas cosas que puedes hacer para empezar a pertenecer. Afectará mucho tu imagen si proyectas una personalidad aislada, inclusive si tu puesto es de jefatura, tener este tipo de convivencia con tu equipo de trabajo es obligación.

- Dentro de esta convivencia, evita involucrarte en pláticas que giren en torno a críticas a los jefes, al ambiente laboral o a chismes de oficina.

- Marca tus límites con asertividad. Si hay algo que no te gusta, te ponen un apodo o alguien te trata de una manera que te haga sentir mal, no lo dejes correr, pues si eso pasó de inicio, seguramente es algo que escalará, por lo que debes ponerle freno de manera amable. Más adelante veremos cómo hacerle.

- Si tu puesto es gerencial o directivo y tendrás a tu cargo un equipo de trabajo, el primer día es bueno reunirlos y dirigirles unas breves palabras de corte motivacional y sobre lo que esperas. Luego, durante los primeros días, ten reuniones en particular con cada uno de los miembros de tu equipo para irlos conociendo, y llegada la primera quincena, diles que para conmemorar tu primera nómina quieres invitarlos a comer a algún lugar especial.

- Al terminar tu primer día de trabajo, agradécele nuevamente a tus jefes, muestra tu felicidad y entusiasmo, y reafirma tu compromiso institucional con una sonrisa.

Y sí, ya sé que desde la entrevista de trabajo he repetido muchas veces que debes sonreír, y es que para tu imagen profesional la sonrisa siempre será tu gran aliada, no solamente en las primeras impresiones, sino también en las últimas. Con la sonrisa te contrataron, pero con ella también podrás vender, crecer, inclusive pedir un aumento de sueldo o hasta renunciar.

La sonrisa es nuestro gesto más favorecedor porque rompe con todas las barreras de raza, sexo, cultura, edad, religión, nivel socioeconómico y nivel cultural. Todos, al ver sonreír a alguien, lo decodificamos como empatía, amabilidad y seguridad. Y estas tres palabras son lo que sin duda queremos comunicar durante toda nuestra trayectoria profesional.

Además, la sonrisa no es solamente importante porque nos van a percibir amables, empáticos y seguros, es realmente poderosa por los efectos que produce en nuestro cerebro y en el de los demás. Al sonreír, nuestro cuerpo genera endorfinas, dopamina y oxitocina; conocidas las dos primeras como las hormonas del placer y la última como la del amor. Estas sustancias se encargan de procesar la motivación positiva que recibimos y las generamos cuando algo nos gusta o nos da satisfacción, como cuando nos enamoramos, comemos chocolate, hacemos ejercicio, tenemos orgasmos o hacemos cualquier cosa que nos produzca placer.

Al sonreír, estamos liberando estas tres poderosísimas sustancias en nuestro organismo y nos sentiremos muy contentos en nuestro lugar de trabajo. Pero los beneficios de sonreír en la oficina no se quedan ahí. Debido a las neuronas espejo de las que ya platicamos, la sonrisa se contagiará por la oficina como los virus de "La Jenny" en las épocas de gripa.

Un estudio de las facultades de medicina de Harvard y Yale, comprobó que ver a sonreír a alguien, aumenta las posibilidades de que uno se sienta más feliz. Y que después ese buen ánimo pueda transmitirse a una segunda persona, quien lo retransmitirá a una tercera, y así sucesivamente. Por lo tanto, al sonreír en la oficina podrás generar en los miembros de la organización dopamina, endorfinas y oxitocina; que los harán sentirse muy bien con tu presencia, ligando sentimientos positivos a tu persona y estableciendo vínculos emocionales favorables con ellos. Entonces, a partir de hoy, aplica religiosamente nuestro...

Tercer Mandamiento God—in!

Sonreirás si te topares a tus pares

Sonreírle a tus compañeros será tan placentero, que para su cerebro equivaldría a regalarles chocolates o producirles pequeños orgasmos... pero todavía no entremos con el Pecado capital de la lujuria, pues dejé un tema muy importante en el tintero relacionado con las buenas impresiones.

Y es el importantísimo tema de cómo ir vestido a la oficina, que merece todo un capítulo producto de nuestro:

Segundo Pecado Capital Godín

Vanidad:
Vanidad: Imagen física ejecutiva

"Dios no ve como el hombre ve,
pues el hombre mira la apariencia exterior,
pero el Señor mira el corazón."

(Samuel 16:7)

e gustaría comprobarlo científicamente, pero tengo la teoría que el nivel jerárquico de un hombre es inversamente proporcional a la cantidad de gel Xiomara extra firme que usa. Y algo similar sería en la mujeres en relación al tamaño y decorado de sus uñas.

Imagínense a Juan Roberto Escamilla, también conocido como "El Robert de Sistemas" (porque hay otro en contabilidad):

Traje café con el brillo particular que sólo la mezcla de polyester y planchado te puede dar, de dos botones que nunca han conocido su ojal pues la barriga lo impide, camisa blanca ¿o crema?, ¿o es amarrilla? (sin duda en las axilas es más amarilla) con bolsa al pecho para guardar su colección de papelitos, tarjetas, tickets y plumas en varios colores. Usa un pantalón demasiado largo que impide ver sus calcetines transparentes tipo media de mujer, que descansa sobre sus Flexi suela de goma, hormados a sus juanetes por tantos años ya de uso diario. No olvidemos la corbata, que parece babero de lo corta que es, y que si lo encuentras a la hora de la comida seguro la trae escondida entre los botones de su camisa. Su esclava de oro hace juego con sus coronas dentales, y su cinturón es la envidia de Batman y McGyver, pues de él cuelgan varios celulares, navaja suiza, estuche de lentes, llavero y el obligado gafete. Su cartera es tan gruesa como un libro de álgebra y la trae llena de cosas in—dis—pen—sa—bles, como la credencial del Costco, la del desaparecido Videocentro, la tarjeta/llave de un hotel que visitó hace unos meses y las fotos de sus familiares en diferentes edades. ¡Ah, casi lo olvido! En épocas de frío, su chaleco color vino con bolitas de desgaste es inseparable, y ante climas extremos, su gruesa chamarra amarilla y negra de los Steelers de Pittsburgh es ya toda una tradición. Su poder jerárquico lo demuestra portando un bello dispositivo manos libres en la oreja las 24 horas del día y su incipiente bigote chorreado le da un aspecto de revolucionario aficionado al pulque. Toda una belleza mi Robert.

Vayamos ahora con Reyna Elvira Gómez Cantú (quien se rumora su papá era fan de Elvis y quien batalla porque escriben su nombre con i, por lo que siempre argumenta: "Una cosa es que sea la reina de la oficina y otra es que me llame así, mi nombre es Reyna con ye").

Empecemos de abajo hacia arriba. Zapato blanco acharolado de tacón abierto por la punta, en donde se asoman sus deditos con ganas de escapar mientras son aprisionados por una pantimedia de color humo. Misma pantimedia que va subiendo y de la que ya es difícil distinguir si tiene diseño, o bien son remiendos por las batallas contra sus uñas con pedrería. Por cierto, con esas laaaaaargas y decoraaaaaadas uñas, ha dominado el arte de escribir a 5 cm de su teclado, mientras el golpeteo crea sonoras melodías que deleitan a la oficina. También deleita su minifalda color tabaco, que al sentarse se convierte en microfalda y que ella insiste le sigue quedando igual que hace diez años que se la compró, como parte de un conjunto de traje sastre. Lástima que la tela del saco se haya encogido porque ése sí ya no le queda, además argumenta que le creció el busto producto de su nueva alimentación. Mismo busto que algunos de sus compañeros disfrutan cada vez que los botones de su ajustada camisa le juegan una mala pasada o simplemente revelan el espacio entre ellos. De espaldas es fácil adivinar el color y ancho de su brasier, pues gusta portarlo en colores contrastantes, además de que los gorditos superiores e inferiores que se le hacen la delatan. Usa mucha bisutería ruidosa que al pasearse por la oficina cascabelea y parece que está invocando a Tláloc para que llueva. Un día lo logró. En cuanto a su maquillaje, siempre lo retocará en su estación de trabajo, y no importa cuánto énfasis le dé a la ceja, nunca será suficiente. Su cabesho rubio ultra platinado luce un peinado que se presta a la especulación de cuántos surfistas podrían montar su fleco de tubo, y el llamativo contraste con su color de piel, ha hecho que a sus espaldas le digan la Celia Cruz del piso 7: "Chavos, ya díganme por qué gritan ¡azúcar! cada vez que llego." Su olor es inconfundible y huele a kilómetros, al grado que si te subes al elevador después de ella, sabes que ese espacio acaba de ser conquistado por la incomparable y única Reyna de la oficina.

"Alvaro, qué injusto eres, lo que importa es lo de adentro." Seguro estás pensando esto. Y si no lo pensaste, seguro si lo pensaría la persona que llena el chat de la oficina con frases motivacionales, buenos deseos para el finde y cadenas de oración por las que WhatsApp donará un dólar por cada contacto a quien la envíes. Es más, seguro esa persona en su lugar de trabajo tiene una postal de un niñito reflejándose en un espejo con la frase: "Si estás bien por dentro estarás bien por fuera."

Ahora, no te confundas. Sí, es cierto que si estás bien por dentro estarás bien por fuera. Como también es cierto que es un cliché que has escuchado miles de veces… pero, ¿alguna vez habías escuchado que si estás bien por fuera te sentirás bien por dentro? ¡Vaya cambio de enfoque!

Y no solamente eso, sino que de acuerdo a la manera en la que te sientes con la ropa que llevas puesta, desarrollarás actitudes que afectan la manera como los demás te perciben; sumadas a las percepciones que ya de por sí tu look estaba generando… ¿Interesante, no crees?

81

A todo esto se le conoce como Psicología de la ropa y no es otra cosa más que el estudio de cómo nuestro vestuario, accesorios y aliño corporal afectan el comportamiento humano, ya sea en la manera como nos condiciona psicológicamente; o bien cómo afecta en la manera como nos perciben los demás.

Por lo tanto, cualquier cosa que nos ponemos encima tiene un doble efecto:

1) El efecto que produce en nosotros y altera nuestra conducta.
2) El efecto que produce en los demás alterando sus conductas.

Sobre el primer efecto podría citarte cientos de estudios como el de Barbara Fredrickson, de la Universidad de Carolina del Norte, en donde pusieron a unos alumnos a hacer un examen de matemáticas vestidos y a otros en traje de baño, resultando que los primeros sacaron una calificación 50% superior a los segundos; o el de la Universidad de Northwestern, en donde personas vestidas con bata aumentaban su evaluación en pruebas de coeficiente intelectual. Pero seguro tú mismo lo has sentido en una fiesta de disfraces en donde adoptas la personalidad de tu personaje, o en esos días cuando te vistes y arreglas con tu ropa favorita y sientes que vas deslumbrando a todos por la calle. Si nunca has sentido este efecto, te reto a que la próxima vez que te sientas mal o tengas resaca, te bañes y arregles como si fueras a una cita importante, verás cómo bajan tus malestares de inmediato.

Del segundo efecto, lo que hay que entender es que con la indumentaria cada individuo encuentra su propia forma de expresión y emplea variaciones personales de tono y significado, convirtiendo a nuestra apariencia personal en todo un sistema de comunicación no verbal. Por lo tanto, nunca hay que ver a la moda como algo frívolo o superficial, sino como un lenguaje complejo de signos y símbolos con el que nos comunicamos con los demás. A esto se le llama Semiótica del vestuario y permíteme ser un poco académico:

Mucho antes de que dos personas entablen una plática, ya han estado hablando en un lenguaje mucho más antiguo y universal: el lenguaje de los signos. Ha hablado nuestro sexo, edad, clase social y, sobre todo, ha hablado todo lo que llevamos puesto: el estilo, los colores, las texturas, los patrones, el diseño, el peinado, los accesorios, los adornos corporales y el aliño personal; mandando mensajes que hablan mucho de nosotros. Hemos dado información sobre nuestros gustos, profesión, estado de ánimo y hasta sobre nuestra personalidad y autoestima.

La Semiótica es la ciencia que se encarga del estudio de los signos, por lo tanto, la Semiótica del vestuario explica que todo lo que nos ponemos comunica. Por ejemplo: una mujer de pelo largo entrecano, vestida con ropa holgada blanca de meditación con bordados indigenistas, descalza y sin maquillaje; manda mensajes muy diferentes a un individuo con la cabeza rasurada, con un traje negro con raya de gis, camisa blanca con mancuernillas de oro, corbata de seda roja y fumando un gran habano. Mientras la primera abre los canales de comunicación y te genera confianza y paz, el segundo los cierra imponiendo respeto a través del miedo.

Por lo tanto, al arreglarte para la oficina debes estar consciente de este doble efecto, y de que la manera en que te produces está reflejando quién eres además de condicionarte a comportarte en cierta forma. Por lo que al vestirte debes preguntarte: ¿Todos los elementos de mi apariencia física son coherentes?, ¿están enviando el mismo mensaje?, ¿ese mensaje es el que quiero transmitir? y ¿la manera como me siento es la manera como quiero hacer sentir a los demás? Si las respuestas son positivas, adelante, ¡póntelo!; pero si son negativas, piénsalo dos veces antes de salir a comunicarte con los demás.

En resumen y para dejarlo aún más claro, a partir de hoy cuando te pares frente a un espejo nunca más preguntes ¿cómo me veo?, a partir de hoy pregúntate: ¿CÓMO ME SIENTO Y QUÉ MENSAJES ESTOY ENVIANDO?

Y aquí debes recordar el importante concepto de la Relatividad de la imagen que tocamos al inicio del libro, donde dijimos que en imagen pública no hay cosas buenas ni malas, sino lo que debe ser de acuerdo a nuestra esencia y la de nuestra institución, los objetivos a lograr y las necesidades de la audiencia. Si eres el cadenero del antro y tu apariencia personal impone a través del miedo, ¡adelante!, pero ten mucho cuidado si comunicas eso y eres el director del kínder o la jefa de recursos humanos de una fundación.

Dicho esto, pongamos también a trabajar a nuestra ropa y gocemos de su poder persuasivo. Pensemos que con nuestra vestimenta estamos hablando un lenguaje muy amplio y complejo que hará que se convierta en el mejor complemento a nuestras actividades laborales. ¡El hábito sí hace al monje! Pues para ser jefe ¡debes lucir como jefe!

Por lo tanto, sigue estas recomendaciones y nunca más pienses que solamente importa lo de adentro, pues como bíblicamente dijo Samuel al inicio de este capítulo, a diferencia de Dios: el hombre sí mira (y juzga) la apariencia exterior:

- Averigua si tu institución cuenta con manuales de normas de apariencia o políticas de vestuario. Si los tiene, respétalos a rajatabla aunque veas que otros miembros de la organización no lo hagan. Los de recursos humanos sí se dan cuenta y si crearon esas normas y políticas es por algo.
- Vístete de negocios para hacer negocios. Recuerda siempre la importancia DE la Psicología de la ropa y de que las prendas que portas afectan en tu actitud. Si te vistes de poder, sin duda te empoderarás.

- Vístete para el puesto que quieres y no para el que tienes. Observa mucho cómo se visten y arreglan las personas de más alto rango en tu organización y cópialos. Mimetízate con ellos para lograr pertenencia, está comprobado que por el mecanismo psicológico de la proyección, los jefes están más disponibles en darles ascensos a quienes se les parecen.
- Siempre ten presente que si inviertes en prendas de calidad a la larga te durarán más y terminarás ahorrando dinero.
- Invierte también en los mejores complementos ejecutivos de acuerdo con tu presupuesto, como son: zapatos, reloj, pluma, portatarjetas, gadgets, fundas de gadgets, portagafetes, portafolios, carteras y bolsas. Estos pequeños detalles son los que hacen toda la diferencia para comunicar una imagen física de excelencia y alto nivel. ¿Puedes percibir la diferencia entre un bolígrafo Vic y una Mont Blanc? Pues esa es la misma diferencia entre un Godínez y un CEO.
- Revisa tu apariencia personal antes de llegar a la oficina, entrar a una junta o visitar un cliente. Trata de hacer una escala en el baño y cerciórate de que todo esté en su lugar: que estés bien fajado, no estés despeinado, no tengas nada en la nariz y dientes, y que botones y zippers estén cerrados para que nada llame la atención de manera negativa.
- Procura siempre que tu vestuario sea coherente con el lugar, hora, clima y tipo de audiencia.
- Cuida mucho que la talla sea la correcta. Si la ropa te queda grande y holgada comunicarás torpeza y mediocridad, y si te queda pequeña o muy ajustada, comunicarás poco dinamismo y falta de higiene.
- Si tu objetivo es comunicar autoridad, mando y poder, elige vestir de traje o traje sastre, que son la combinación de un saco y pantalón (o falda, aunque los trajes sastre de pantalón

comunican más autoridad que los de falda) hechos de la misma tela, a las otras combinaciones se les conoce como sport. Prefiérelos en telas delgadas, lisas y sin patrones. Los colores de autoridad son los oscuros como el gris Oxford o el azul marino, aunque en el caso de las mujeres el blanco o marfil también comunican autoridad. El negro es muy severo y preferentemente se debe usar después de las 6 de la tarde. Porta los trajes con camisa o blusa blanca. Para los hombres, la camisa de más autoridad es la de puño francés con mancuernillas y sin bolsas en el pecho. La corbata es el máximo símbolo de autoridad cuando es lisa y en colores sólidos. En el caso de las mujeres, las blusas y camisas deben ser de manga larga y el vestuario puede complementarse con una mascada de seda o pañoleta. Los peinados deben ser estructurados y de medio a corto. El pelo recogido siempre comunicará más autoridad que el suelto, y en el caso de los hombres preferir ceras y cremas de acabado natural en lugar del plastificado gel. Se debe estar bien afeitado (si se usa barba o bigote el compromiso es doble, pues además del afeitado diario, se debe cuidar la forma y largo del vello facial) y el maquillaje en el caso de las mujeres debe ser básico y minimalista. Con traje siempre se usa zapato de agujeta o de tacón. Los de mayor autoridad en hombre serán en negro y con suela delgada. Para la mujer, será el zapato cerrado y de tacón no mayor a 10 cm. En autoridad, la regla básica de combinación es que del color de los zapatos deben ser los complementos como calcetines, medias, relojes, cinturones, bolsas y lentes de sol. Para mujeres, los accesorios deben ser discretos y limitarse a uno de cada tipo: un par de aretes, una pulsera, un collar y un anillo. En el caso de los hombres, deben limitarse únicamente al reloj y argolla de matrimonio. Si se usan lentes, los de autoridad son los "invisibles" y antireflejantes, sin armazón y de tres piezas.

- Si tu objetivo es comunicar accesibilidad, confianza y calidez, elige combinaciones sport, colores claros y mezcla de colores, texturas y patrones. Telas gruesas. Camisas o blusas de colores ya sean lisas o con patrones, sin corbata o con corbatas con diseños y colores llamativos. Camisas button—down (botones al cuello) o tipo polo. Suéteres, chamarras o blazers sin forma. Peinado suelto y con volumen, barba de tres días, maquillaje natural o muy cargado. Combinar con mocasines, flats y calzado casual; así como con accesorios más grandes, pesados e informales.

- Mezcla los códigos de autoridad y accesibilidad y podrás tener una infinidad de mensajes intermedios de media autoridad o accesibilidad. A este punto intermedio se le conoce en etiqueta de negocios como *Smart Casual*, que puede ser como ejemplo usar un pantalón de gabardina, con una camisa casual y un blazer o saco navy.

- Sean de accesibilidad o de autoridad, cuida mucho que tus accesorios no sean ruidosos en el ambiente laboral y no distraigan a tus compañeros mientras trabajas.

- Carga en tu bolsa/cartera sólo lo indispensable: contrario a lo que se piensa, mientras más angosta es la cartera, más autoridad y poder comunicarás.

- A menos que tu ambiente laboral sea en extremo relajado y vaya en coherencia con los mensajes a transmitir, evita usar licras o prendas muy ajustadas, escotes pronunciados, microfaldas, crop tops u ombligueras, shorts o pantalones pesqueros, jeans desgastados o con incrustaciones, sudaderas, gorras, tenis y sandalias.

- Si estás pensando en hacerte un tatuaje, piénsalo dos veces o asegúrate de tenerlo en un lugar que no sea visible en el ambiente profesional. Pues si bien el estigma social del tatuado ha disminuido, sigue siendo una causa de no contratación o ascenso a puestos de poder en algunas empresas.

- Si por comodidad en tus trayectos traes flats o tenis para desplazarte mejor, estos deben quitarse antes de entrar a la oficina y no ya que estás en tu lugar de trabajo. Lo mismo aplica al salir.

- Nunca te pongas una prenda sucia, arrugada o en mal estado. Si la prenda tiene un desperfecto, es mejor tirarla que hacer un arreglo visible. Para las manchas accidentales existen unos lapicitos con detergente que son muy buenos y te sacan del apuro, ten uno siempre en la oficina.

- Cuida tus prendas no repitiendo su uso, siguiendo las instrucciones precisas de lavado, no usando ganchos de metal de la tintorería y teniendo tu guardarropa ordenado dándole su espacio a cada prenda. Invierte en hormas de madera y mantén tu calzado siempre limpio y boleado.

- Ten un suéter de *cashmere* tipo cárdigan en un color neutro como el gris o el negro y déjalo en la oficina. Será tu mejor aliado en épocas de frío y al ser cárdigan será fácil ponértelo sin despeinarte. Invierte también en gabardinas ejecutivas, guantes y bufandas acordes al ambiente laboral.

- Ten un paraguas de calidad en tu lugar de trabajo para que no seas el clásico Godín que corre por las calles cubriéndose con su saco, folder o periódico.

- El uso de perfumes y lociones en la oficina debe limitarse a aromas discretos, de día (cítricos—herbales) y que sólo sean perceptibles en la interacción del contacto humano y no a distancia.

- Tu ropa interior nunca debe verse en el ambiente ejecutivo, por eso debes cuidar mucho el correcto cerrado de los botones, así como que los colores vayan en concordancia con las prendas exteriores. Sobra decir el cuidado al sentarse o al agacharse.

- En cuanto al aliño corporal, creo que no es necesario recordarte la importancia del baño diario, uso de desodorantes e higiene bucal. Si hueles mal nadie te lo va a decir, pero se comentará a tus espaldas y difícilmente se te integrará social y profesionalmente.

- Ten un buen corte de pelo y dale mantenimiento constante, si es notorio que fuiste a la estética o peluquería algo estás haciendo mal. Si usas tintes, nunca dejes que se vean las raíces y procura que vaya con tu escala cromométrica (acércate a un especialista o a mi libro *Imagen Cool* donde explico cómo reconocerla). Evita usar tintes en colores antinaturales, que son aquellos que sería imposible que fuera el color natural de alguien.

- Llega ya maquillada y nunca uses tu lugar de trabajo para retocarte, para eso está el sanitario. Evita ir a trabajar de cara lavada.

- En el caso de las uñas, el manicure es tanto para mujeres como para hombres. Nuestras manos tienen mucho contacto con las demás personas y son un punto focal dentro de cualquier conversación laboral, debemos tener en cuenta que el básico de cualquier manicure es dejarnos las uñas parejas, remover las cutículas y cortar los pellejitos. Revisa diariamente el estado de tus uñas pues la suciedad entra fácilmente y se debe remover. Por ningún motivo un hombre debe de traer las uñas largas en el ambiente laboral. El largo de las uñas de una mujer no debe superar la siguiente regla: mide tus uñas desde el nacimiento hasta donde termina el dedo y divide la cantidad entre dos, esa medida es la máxima que puede tener tu uña desde donde termina el dedo. Las uñas muy largas, de varios colores y diseños exóticos estarán fuera de lugar en el ambiente laboral, por lo que elije siempre colores sólidos, sobrios o french manicure. Si se te descarapeló la pintura de uñas hay de dos: o te las vuelves a pintar o te las despintas todas, no hay motivo por el cuál puedas traer las uñas descuidadas en la oficina.

* Procura mantener una silueta en forma y tonificada, la cual lograrás sin ningún secreto: cuidando la alimentación y haciendo ejercicio. El estar en forma comunica dinamismo, agilidad, higiene, felicidad y mayor capacidad de trabajo; atributos que cualquiera que quiera crecer en una organización debería tener.
* Si tienes la fortuna de utilizar uniforme (sí, fortuna, pues no debes invertir en guardarropa ni pensar en qué ponerte todos los días), trata de adecuarlo lo más posible a las recomendaciones que acabamos de ver. Recuerda que la excelencia está en los pequeños detalles y esos te corresponden a ti.

Y no todo en la imagen física es el vestuario, dentro de ella también se encuentra el importante tema del lenguaje corporal. Ya desde el apartado Primeras impresiones, hablábamos acerca del poder de la sonrisa, y ésta sin duda será siempre tu mejor accesorio. Pero existen otros superpoderes dentro de nuestro lenguaje corporal a los que hay que sacarles provecho.

Sí, superpoderes, pues si algo nos han enseñado los superhéroes, villanos y demás personajes de ficción; es que con nuestro cuerpo podemos transmitir muchísimas cosas. Nuestro cuerpo habla y además no sabe mentir, lo vemos en el caminar de Susanita la nueva becaria y sus tacones de 15 cm, que transmiten la misma seguridad que Bambi caminando en hielo, o en el poli de la entrada al corporativo, que nos contagia la misma flojera que Droopy cada vez que nos saluda.

Hasta en *La Sirenita*, cuando Úrsula le hace la propuesta a Ariel de cambiar su voz por piernas, ante la duda de la pelirroja de qué va a hacer sin su voz, Úrsula le responde: "¡Tienes tu belleza!...", además, no subestimes la importancia del lenguaje corporal, ¡JA!"

Al contrario de lo que se piensa, todos somos expertos en lenguaje corporal, pues sabemos leerlo, usarlo y decodificar sus mensajes. Piensa en cuando los de recursos humanos se transforman en Hulk y les tienes que poner carita de gatito de *Shrek* para calmarlos. Pero lo que muy pocos hacemos, es usarlo de manera consciente para gozar de sus beneficios. ¿Quieres transmitir seguridad, confianza y poder?... Veamos 5 nada fantasiosas recomendaciones de lenguaje corporal en el ambiente laboral:

1) Haz movimientos certeros y marcados: cualquier desplazamiento de tu cuerpo hazlo con seguridad y fuerza; siempre hacia adelante. ¿Cómo entraría a una junta Superman o levantaría la mano para pedir la palabra?

2) Mantén una postura abierta: los brazos agarrados al frente, atrás o cruzados; cierran los canales de comunicación y comunican inseguridad. Adopta la postura de Darth Vader o la Mujer Maravilla (brazos abiertos con manos en la cintura) para mostrar apertura y dinamismo, pero con autoridad y poder.

3) Sonríe: ya lo hemos recalcado hasta el cansancio, pero ahora piensa en Peter Pan, quien además de seguir las dos primeras recomendaciones, ¡sonríe! Eso le da un halo de confianza y seguridad en todo lo que hace. ¡Imítalo en el trabajo!

4) Contacto visual: ¿Te has dado cuenta de que todas las caricaturas tienen los ojos particularmente grandes? Esto es por su gran capacidad de expresión. Úsalos para todo lo que ya aprendimos en las primeras impresiones y para ver más allá de lo evidente (si entendiste mi referencia a *Los Thundercats*, ¡que vivan los 80's!).

5) Voz sonora: sí, la voz también es lenguaje corporal pues es considerada parte del paralenguaje. La gente asocia una voz alta y sonora con confianza, autoridad y mando. ¡No grites ni hables fuerte! Sólo date a escuchar con claridad y sin miedo a que salga tu voz. Como Mufaaaasa.

Pero el verdadero superpoder del lenguaje corporal no está sólo en la forma como nos van a percibir y en lo que haremos sentir a los demás; las Universidades de Harvard y Berkeley ya comprobaron que al hacer estos movimientos nuestro cuerpo también sentirá poder, confianza y seguridad; afectando nuestro comportamiento y haciéndonos más eficaces. ¡Ropa y cuerpo trabajando para empoderarnos!

Y después de hablar acerca de la importancia de nuestro lenguaje corporal, regresemos a la vestimenta, aquí debo hacer un paréntesis masculino. Pero por favor, querida lectora, revisa estas recomendaciones también tú para que, con consejos a tus compañeros y seres queridos, me ayudes a desterrar la mediocridad Godín cuando veas que alguien no sabe portar con dignidad un traje.

El traje es la armadura de batalla Godínez por excelencia, cuando se sabe portar, comunica seriedad, formalidad, autoridad y liderazgo; es por esto que la gran mayoría de oficinas tradicionales obligan su uso. Y a diferencia de la mujeres, con quienes existe mayor libertad y versatilidad en la forma de usar las prendas ejecutivas, en los hombres el uso del traje y sus recomendaciones de buen vestir son bastante limitadas, por eso, sigue estos sencillos consejos que debes cuidar al vestir de traje:

- El largo del saco debe ir en relación al largo de tu brazo, la parte donde termina el saco debe de ir alineada con los nudillos de tus pulgares con los brazos relajados.
- El largo del pantalón debe caer recto por detrás hasta arriba del tacón del zapato y por enfrente hacer un ligero pliegue. El pantalón del traje debe fajarse en la cintura y no en la cadera como le hacemos con los jeans.
- Si al abotonarte el saco se forma una "X" en el abdomen, el saco está demasiado apretado.

- El cuello del saco no debe quedar separado de la espalda, de manera que muestre todo el cuello de la camisa, ni tampoco debe estar tan pegado que lo tape. Lo correcto es que quede pegado y muestre aproximadamente la mitad del cuello.
- Las mangas del saco deben permitir que media pulgada (1.25 cm.) de la camisa se asome. La gran mayoría de los hombres usan las mangas demasiado largas.
- Siempre que portes un traje, al ponerte de pie debes abotonarte el saco. La regla es que nunca debes abrochar el último botón de un saco, por lo tanto los sacos se abotonan así: traje de dos botones: el de abajo nunca, el de arriba siempre. Traje de tres botones: el de abajo nunca, el de en medio siempre, el de arriba depende: de tus gustos (actualmente es opcional) y de si el corte de las solapas permite hacerlo con comodidad. Más de tres botones: son trajes de estilo dramático y el botón de hasta arriba y hasta abajo siempre van desabrochados. Saco cruzado: se abotona internamente y el botón superior.
- Las bolsas de los sacos generalmente vienen cosidas, mantenlas así pues es un error meter las manos en las bolsas del saco o usarlas para guardar cosas.
- Cuando tomes asiento, jala la parte posterior de tu saco y siéntate sobre él. El saco lucirá sin arrugas y te ayudará a mantener una postura erguida.
- Cuando el hombre usa camisa de vestir, lo correcto es usar camiseta interior. Como el motivo es prevenir las manchas de sudor, no tiene caso ponerte camisetas interiores de tirantitos que además se transparentan.
- El cuello y los puños de la camisa deben estar muy bien planchados y cerrar de manera perfecta al abotonarlos. Si eres de los que te molesta usar corbata porque sientes que te ahorca, quiero decirte que la corbata no tiene la culpa; tu camisa es

la que no te queda. La medida del cuello debe ser exacta, de tal manera que quede confortable sin verse holgado (deben entrar dos dedos entre tu cuello y el de la camisa). Al menos que estemos en una sesión ardua de trabajo, es un error desabotonarse la camisa, arremangarse y aflojarse la corbata.

- Existe algo en el cuello de las camisas que se llaman varillas, estas deben ponerse para que el cuello no se ande doblando y luzca siempre espléndido. Como no se ven —pues van por dentro de la camisa— son de plástico, pero un detalle fino es tener unas en plata como accesorio.
- Nunca uses las bolsas de la camisa para cargar algo, por lo que evita meterte papelitos o colocar ahí la pluma.
- ¿En serio es necesario que te diga que no se usan camisas de manga corta con traje?
- Antes, cuando las camisas eran hechas a la medida, como detalle se bordaban las iniciales del propietario. Hoy en cualquier tienda departamental te pueden hacer lo mismo en la camisa más chafa de la tienda, ¡evítalo!, y más aún en el cuello o el puño.
- Si una corbata comunica seriedad y formalidad, imagínate como le das en la torre a todo el atuendo con una corbata "chistosita" de personajes de caricaturas o de tu equipo deportivo favorito.
- El nudo de la corbata debe ajustar perfectamente en el ángulo de cierre del cuello de la camisa, por lo que también éste debe ajustar perfecto.
- La punta de la corbata debe llegar a la altura de la hebilla del cinturón, si al hacerte el nudo te quedo muy corta o muy larga DEBES hacerlo de nuevo.
- El pañuelo en el saco resalta todo el atuendo, para el ambiente laboral elige el de lino blanco y colócalo de manera recta y paralela a la bolsa.

- Procura mantener la corbata en su lugar. Puedes ponerte un pisacorbatas. En el Colegio de Imagen Pública hemos creado el "Tie Lock"®, que es un accesorio invisible que conserva la corbata fija y centrada.
- A menos de que seas un Godín burócrata corrupto que esconde tortas en los cajones de su escritorio, nunca te pongas un traje café.

Finalmente, cierro con una última recomendación que para este capítulo de *La Biblia Godínez* tendría que ser el tip más importante: ¡EL GAFETE DE LA OFICINA NO ES UN ACCESORIO! Por lo tanto, retíratelo al salir de trabajar y ¡nunca lo muestres como placa de orgullo en el ambiente social!

Por lo tanto, la imagen física no es ni frívola ni superficial, ya aprendimos que nuestra apariencia personal es todo un sistema de comunicación no verbal que nos ayuda a lograr nuestros objetivos. Y si bien vimos a la imagen física dentro del pecado de la vanidad, esto no quiere decir que sea vana, por lo tanto respetemos a rajatabla nuestro...

Cuarto Mandamiento God—in!

No tomarás la imagen física en vano

Ahora bien, siendo estrictos, la vanidad como tal no es un pecado capital. El pecado capital es la vanagloria que es otra forma de decirle a la soberbia, la cual sí está catalogada no solamente como pecado capital, sino como el original y más serio de todos, pues según los teólogos es la principal fuente de la que derivan los demás. La soberbia es definida como un deseo por ser más importante o atractivo que los demás, fallando en halagar a los otros con tal de satisfacer ese apetito desbordado de ser preferido en lugar de que se prefiera a otros. El soberbio se cree superior a los demás y desea pasar por encima de los otros, piensa que merece mayores recompensas, un trato especial y estar por encima de los demás.

¿Y qué crees?... ¡La soberbia no es tan mala en la competencia laboral! De hecho este libro está enfocado en hacerte un poco soberbio. ¡Más nos vale querer ser más importantes y atractivos que el compañero de cubículo si queremos crecer en la organización! Debemos tener ese apetito desbordado de ser preferidos a los otros desde que vamos a una entrevista de trabajo. ¿Qué acaso no tienes ganas de tener mayores recompensas laborales, un trato especial y estar en un mayor nivel jerárquico? ¡Por supuesto! Por lo tanto, seamos un poco soberbios sin perder la humildad, de la que ya hablaremos, y no nos centremos en atemperar este pecado que para el Godín es una virtud. Mejor centrémonos en cómo aplacar al soberbio que tengo a un lado.

Ooooootro Segundo Pecado Capital Godín

Soberbia:
domando al sabelotodo

"Dios resiste a los soberbios,
pero da gracia a los humildes."
(Santiago 4:6)

Dentro de la fauna oficinista existe una peculiar especie denominada *Godinus—Sabelotodus*, cuya casta se identifica por alimentarse de las palmadas en la espalda que él cree recibir por informar a los demás, incluidos jefes y directores, los supuestos errores del resto del reino. Debido a que este espécimen es más molesto que peligroso, no debes preocuparte ni batallar con él; simplemente debemos adiestrarlo siguiendo cinco sencillos pasos:

1) Compréndelo: puede resultar irritante pero es parte de su genética. Su condición se deriva de desconfianzas y problemas profundos de su estirpe que tú nunca entenderás, sólo tolerarás. ¡No te enojes!, pues este animalillo tiende crecer ante tus disgustos.

2) Juega con él: no te desgastes ni pelees cada vez que abre la boca porque terminarás agotado. Mejor toréalo con una sonrisa y diciéndole algo del tipo: "Gracias por la sugerencia", eso lo hará desaparecer dando brinquitos de felicidad.

3) Vacúnate contra él: comprueba tus fuentes y verifica los hechos. El conocimiento y los argumentos son tus mejores armas y con ellos evitarás que te quite la palabra todo el tiempo.

4) Ponlo a prueba: pregúntale por qué cree que algo es verdad o cuáles son sus fuentes. Obligarlo a que te tenga que dar

detalles específicos tiende a desarmarlo. Hazlo siempre en un tono respetuoso y amigable, pues al sentirse descubierto tiende a sacar los dientes.

5) ¡Acorrálalo!: cuando estén en junta, ten una agenda que marque tiempos y reglas, y síguela al pie de la letra. Acuerda cuánto tiempo tendrá para hablar cada persona y hasta al final se abarcarán dudas, así le será más difícil molestar a los invitados con sus interrupciones.

Finalmente sácale provecho. Como muchos animales domesticables el *Godinus–Sabelotodus* puede hacer tareas por ti. Ponle retos del tipo: "¿Tú qué harías?" y pídele consejos, así esta criatura se sentirá útil y además, acéptalo, no todas sus aportaciones son malas.

Y hace un rato hablamos de la humildad, virtud que sin duda se debe atemperar siempre en la vida y que, por lo tanto, en el ambiente laboral no es la excepción. Ya hemos mencionado que para crecer en la organización tenemos que tener una actitud de ayuda y colaboración, pero es muy distinto ser humilde, colaborar y ayudar en acciones aunque no sean precisamente nuestras funciones, a que nos agarren los compañeros de talacheros, asistentes o nos pongan a trabajar por ellos.

Cuando recién empezaba a trabajar, tuve la oportunidad de ver un video de capacitación sobre administración de funciones y responsabilidades que me marcó mucho. Se llamaba "Cómo quitarse los changos de la espalda" y trataba sobre estos "changos" que te van colgando durante el día y que absorben la mayor parte de nuestro tiempo, restándole atención a lo importante de nuestras funciones para ponérsela en lo que realmente son responsabilidades de los demás.

Era un divertido video súper setentero en el que a un Godín le iban colgando changos de verdad y al final su casa y lugar de trabajo estaban infestados de primates, que lo distraían de sus verdaderas responsabilidades. Si lo encuentras y puedes verlo te lo recomiendo mucho. Pero si lo traigo a colación es porque es una realidad que, a veces por buenas personas y a veces por tontos, terminamos haciendo funciones que no nos corresponden, todo porque no sabemos negarnos y ya nos tomaron la medida, pues la gente está dispuesta a desligarse de sus obligaciones al menor ofrecimiento.

El problema es que si nos negamos a ayudar o dejamos de hacer una tarea que por costumbre la gente ya daba por hecho que era parte de nuestras funciones, generaremos la percepción de soberbios y poco colaboradores, por eso es que las siguientes recomendaciones son muy importantes para negarnos con gracia y enfocarnos en lo que sí nos corresponde. Por lo tanto veamos...

CÓMO DECIR NO

No. Dos sencillas letras que nos pueden salvar, pero también dos simples letras que nos cuesta mucho decir.

La principal razón por la que nos cuesta tanto decir que no, es porque realmente no sabemos cómo hacerlo y tememos herir susceptibilidades y ser rechazados. Además, los latinos somos expertos en el chantaje al momento de pedir las cosas, por lo que decir No, se convierte también en un reto a nuestra inteligencia emocional.

"¿Qué dijiste Alvaro? ¿Qué los latinos somos expertos en chantajear al momento de pedir las cosas?"... ¡Sí! Y te darás cuenta pronto del porqué, sólo te pido un enorme favor: sigue leyendo. Pues si no lo haces, seguramente te perderás de un conocimiento que puede ayudarte mucho. Además, tú que eres inteligente, al conocer estas recomendaciones ya no caerás en las trampas de manipulación verbal que comúnmente usamos al pedir las cosas.

Y finalmente, escribir este libro me está llevando mucho trabajo y lo hice sólo para ti, por lo que si no lo lees, mi esfuerzo no tendrá ningún sentido... Entonces, ¿porfis sigues leyendo?🙏.

¿Te diste cuenta de mi chantaje? Si no, vuelve a leer el párrafo anterior. Al pedir las cosas solemos utilizar algunas técnicas de manera inconsciente (y hoy podrás usarlas de manera consciente, por lo que SOBERBIAMENTE podría rebautizar este capítulo: "Cómo orillar a que los otros nos digan sí a todo"), por lo tanto, la primera forma para decir No, es detectando estas trampas y vacunarnos contra ellas:

1) Exageración: "Te pido un enorme favor", "necesito que me hagas un súper paro", "me quiero morir, porfa ayúdame" o "estoy metido en una mega bronca, ojalá me puedas alivianar"; son algunas de las frases que solemos usar antes de pedir algo cuando en realidad no son cosas tan grandes e importantes. Esto hace que la otra persona se sienta presionada y esté más dispuesta a aceptar lo que se le pide. Para no caer en esta trampa siempre pregúntate: ¿Qué me pasaría a mí o al otro si me niego? Si la respuesta es: ¡Nada!, atrévete a decir No.

2) Culpa: este sentimiento es una de las razones más poderosas por las que la gente dice sí cuando realmente quería decir no. "Es que si no lo presento mañana me van a correr", es una causa para aceptar el trabajo de alguien aunque no sea nuestra responsabilidad. O: "Me muero de ganas de ir a Acapulco, es una oportunidad única, pero no tengo quién me cubra", es un gran preámbulo para después pedirte un favor que puede deshacer tu fin de semana. En estos casos debes preguntarte: ¿Si lo corren o no puede ir a su viaje sería mi culpa? Si la respuesta es no, ¡niégate!

3) Halago: "Tú que eres buenísimo en Excel..." "Necesito de tus superpoderes...", o simplemente: "Qué haría yo sin ti...", son algunos caramelitos al ego que, el que desea obtener un sí, intentará usar para convencerte de que aceptes su petición. Los halagos no son malos, pero debes saber cuándo son interesados y cuándo son auténticos.

4) Victimización: a ésta también se le llama "me tiro para que me levantes", consiste en que la otra persona se menosprecia o echa algo en cara que le pesa, para después solicitar. ¿Recuerdas que este libro me llevó mucho trabajo hacerlo y lo hice sólo para ti? Sigue leyendo... ☺.

Detectado el chantaje, será mucho más fácil realmente responder lo que sinceramente deseamos. Ahora bien, pasemos a unos sencillos tips de imagen para que nuestro NO sea bien recibido:

- Sé directo y rotundo sin ser agresivo. Tan importante es saber decir No como la manera en que lo decimos. De lo que se trata es de decir No de una forma clara y calmada.
- Mantén un lenguaje corporal abierto. Nuestra boca dice que no, pero nuestro cuerpo debe hablar de empatía, amabilidad, confianza y condescendencia. Para lograrlo, mira a los ojos de la persona a la que le dices que no, mantén los brazos sueltos y las palmas hacia arriba, sonríe amablemente mientras respondes y acompaña tu palabra de gestos y ademanes que se interpreten como disculpa (elevar los hombros, torcer la boca, ladear la cabeza, etc.). Cuida también que el tono de tu voz sea tranquilo y amable.
- Discúlpate sólo lo necesario. No te justifiques de más ni pongas pretextos, simplemente antepón a tu negativa frases como: "Me apena decirte que no", "desafortunadamente en esta ocasión no podré ayudarte" o "lo siento mucho, pero no

puedo". Si hay una razón de peso que ayude a sustentar tu negativa, aquí puedes exponerla brevemente.

- Ofrece alternativas. Si encuentras una manera de apoyar después de tu negativa, exprésala. Puedes trasladar el momento, lugar, inclusive dar ideas para que tu No, no se convierta en la pérdida de un objetivo. "Me apena no cubrirte este fin, ya tengo planes, pero ¿ya lo pusiste en el chat de WhatsApp?", o: "Gracias, sí me defiendo bien en Excel, pero la verdad ahorita estoy muy ocupado y no puedo ayudarte, si puedes esperar para mañana, con gusto a las diez lo vemos." Cuida solamente no dar alternativas si lo que quieres decir es un No rotundo.

Por lo tanto que no te dé pena. Hay una gran diferencia entre decir que no y ser agresivos o antisociales. Ayudar y decir sí es muy positivo y nos hace sentir bien, siempre y cuando ese sí sea con convicción y no afecte nuestros proyectos y planes personales. Saber decir No, hace que nos perciban como personas íntegras e independientes, además, nos ayuda a equilibrar nuestras responsabilidades y a no tomar batallas que no nos pertenecen, mientras nos ganamos el respeto de los demás y reforzamos nuestra autoestima.

Recuerda que estas recomendaciones puedes usarlas a la inversa para lograr más fácilmente un sí, pero esa ya es responsabilidad tuya, maldito soberbio manipulador... ☺.

Y ya que estamos hablando de manipulación y de cómo lograr que nos digan sí, hablemos de la manipulación en el proceso de la seducción. De esa manipulación consciente o inconsciente que ejerce esa persona con la que compartimos cubículo y que se transforma en pulsaciones hormonales que trepan por nuestra entrepierna. Esa manipulación que hace que el becario nuevo de las copias, ése que todavía luce granos adolescentes, se encierre a cal y canto en el baño para practicar su propio arte de manipulación. Hablemos pues del:

Tercer Pecado Capital Godín

Lujuria:
el romance en la oficina

"El deseo de la carne es contra el espíritu...
de manera que no podéis hacer lo que deseáis."
(Gálatas 5:16—21)

"Tú y yo en el cuartito de las copias, no sé... piénsalo."

¡Ay, el amor Godín! Amor de oficina que se parece a la quincena... llega cada quince días y dura muy poco. Y es que al convivir tanto tiempo con las mismas personas, es muy normal que nuestras hormonas se pongan de ociosas y empiecen a ver guapo hasta quien no lo es, haciendo que deseemos ser mal del puerco para darle a toda la oficina después de comer.

Por lo tanto, no es de extrañar que el lugar de trabajo sea de los mejores para buscar pareja. Pues tristemente la oficina ya no es nuestra segunda casa, es la primera, en ella pasamos más tiempo que en nuestro hogar y convivimos en un espacio en el que sobran momentos para conocer gente y eventualmente enamorarse. ¡Muchísimas parejas formales se conocieron en la oficina! Entonces, el romance Godín es el desenlace natural de la convivencia diaria, por eso cuatro de cada diez empleados ha tenido un amorío en el trabajo según el *Wall Street Journal*. ¡Es normal enamorarse (o encalentarse) en la oficina! Ahora bien, lo que no es normal es no saberlo hacer y pensar que este juego de seducción no tiene reglas.

La primera regla es saber diferenciar lo que a los ojos de los demás serán relaciones lícitas de las ilícitas. Y digo ante los ojos de los demás, pues yo no soy nadie para juzgar lo que tú consideres moralmente aceptable o inaceptable. Pero para la mayoría de la gente, el "no cometerás adulterio" (Éxodo 20:14) es un mandamiento bastante aceptado y socialmente castigado. Por lo tanto, cuáles serían las relaciones ilícitas o mal vistas que, sin duda, afectarán tu reputación personal y laboral:

1. Las que se dan entre personas en las que al menos una esté comprometida en otra relación formal de matrimonio o noviazgo.
2. Las que se dan entre rangos jerárquicos directos de jefe—subordinado, en donde se percibe favoritismo o ventaja en trato.
3. Las que se dan con públicos externos o intermedios con los que se tiene trato directo, como pueden ser clientes o proveedores, en donde puedan percibirse relaciones ventajosas o poco profesionales.
4. Las que son constantes y cambiantes entre una persona y múltiples miembros de la organización.
5. La intempestiva y fugaz, con posterior arrepentimiento, que se dio ante los ojos de todos en la borrachera de la fiesta de oficina.

Por lo tanto, si te consideras tan arriesgado, astuto o hasta estúpido para entrarle a alguna de estas cinco relaciones, debes tener en cuenta que:

Con las primeras debes tener certeza de que con quien te involucras es capaz de mantener un secreto. Pero... ¿qué crees? Según el estudio Keeping Secrets de la Universidad de Columbia, menos del 1% de la población es capaz de guardar totalmente un secreto, pues las personas consideramos que existe alguien de nuestra total confianza a quien le podemos confiar información. El problema es que a esa persona a la que le revelamos nuestro secreto, también considera que hay alguien más de su total confianza, haciéndose así una cadena que vulnera nuestras confidencias. Por eso, debes tener conciencia de que existen altísimas probabilidades de que te cachen y pierdas mucho a nivel profesional y personal.

Además, estas historias pocas veces terminan con que las personas abandonan a sus parejas fijas para formalizar la relación de amantes, pues no sólo quien se involucra en una relación de infidelidad lo ve como una aventura pasajera que rompe con su rutina; sino que personas entrevistadas en diversos estudios, demuestran que aunque quieran a estas personas, no les gustaría tener una relación formal con ellas pues dudarían siempre de su fidelidad (si se lo hizo a su expareja, también me lo va a hacer a mí). Y finalmente, si estas historias casi nunca terminan en relación formal, lo más probable es que terminen en despecho, hartazgo o cruda moral; por lo que si con todo lo expuesto aún decides entrarle, más te vale que ambas partes sean lo suficientemente inteligentes y maduras para saber de qué se trata y cómo terminarla. Lo que se escucha bonito, pero es improbable.

Con las segundas y terceras relaciones prohibidas, el problema es que son muy complicadas dejarlas libres de favoritismos y conflictos de intereses. ¿A poco evaluarías mal al ser amado en su encuesta de desempeño o no le darías facilidades de pago al amor de tu vida? Por esta razón, varias organizaciones deciden ser tajantes y prohibir estos amoríos como norma corporativa, por lo que entraríamos nuevamente en el tema del secreto, pero en este caso la fuga del secreto no solamente es castigo moral, sino despido inmediato. Y aunque la empresa no prohíba este tipo de relaciones, la percepción siempre será que se están recibiendo mayores beneficios y oportunidades, lo que viciará el ambiente laboral y será blanco de celos profesionales, envidias y rumores.

Otro punto muy delicado de este tipo de relaciones es que siempre existe una parte dominante, por lo que la persona en grado de superioridad siempre podrá ser percibida como abusadora de poder y la inferior como sumisa; lo que convierte a esta relación a nivel de percepción en una relación coercitiva, que son aquellas que se dan por presión para obtener algo a cambio o no recibir una represalia: "Con gusto le doy el aumento Gladys chula, namás ya sabe que hoy me quedo hasta tarde en la oficina y no me gusta estar solito." Esto expone a las personas e instituciones a una demanda por acoso sexual, incluso si las personas están juntas por voluntad propia, pues aquel que tenga el rango jerárquico superior siempre tendrá algo de poder, por lo que si la persona en el rango inferior algún día con razón, o simple despecho por mal término en la relación, quisiera demandar, podría argumentar con hechos ante cortes y juicios laborales.

Si a estas relaciones interjerárquicas además le sumaras que se dieran entre personas en donde la de grado superior además es casada, tienes el coctel molotov perfecto para estallar un escándalo. Con el agravante de que una vez satisfecha la calentura del jefe o jefa, harán todo lo posible por sacar de la organización a quien puede vulnerar su paz laboral.

De las relaciones constantes y cambiantes expuestas en la cuarta categoría, son muy sencillas de explicar sus repercusiones de imagen: te conviertes en la zorra o el golfo de la oficina. Y aunque seas muy *open mind*, te colgarán la letra escarlata de la promiscuidad que afectará tu crecimiento en la organización y las relaciones con tus compañeros de trabajo; sobre todo si eres mujer, pues tus compañeras de trabajo te rechazarán por celos o puritanismo, y tus compañeros se alejarán para evitar rumores o se acercarán con miras no profesionales. Y antes de que saltes con el tema de equidad de género, del que soy un total defensor, esto no lo digo yo, sino estudios formales hechos por Pearl Associates LLC, una reputada empresa de asesoramiento y consultoría organizacional que dicen que las mujeres que se crean esta reputación, tienen menos posibilidades de crecer, y cuando lo hacen, dudan si fueron por sus capacidades laborales o por otro tipo de talentos. Lo que es injusto... pero así de injusto es nuestro cerebro al percibir, por lo tanto, no te conviertas en la Hoe—dínez de la oficina (*Hoe* = Mujer "fácil"/zorra/prostituta).

Por último, del incendio fugaz de la quinta e intempestiva relación ilícita, solo quedarán cenizas de vergüenza, burla e incomodidad para el resto de tu relación laboral; pues será una anécdota constante y sonante que jamás podrás limpiar.

Ahora bien, no todo el amor de oficina es amor prohibido. Existen los amores que no solamente están bien vistos, sino que hasta ayudan a la organización, como lo exponen Losee y Olen en su libro *Office Mate: The Employee Handbook for Finding —and Managing— Romance on the Job*, en donde exponen que el amor aumenta la felicidad personal, trayendo como consecuencia una mejora en la productividad.

Por lo tanto, gocemos de este beneficio del amor Godín y sigamos las siguientes recomendaciones para mantener una buena imagen profesional:

- Averigua las políticas de relaciones sentimentales de tu organización.
- Únicamente sal o anda con personas que no estén en otras relaciones, que pertenezcan a tu mismo grado jerárquico o que formen parte de otras áreas de la organización donde no haya conflictos de interés.
- Si estás en una relación permitida de oficina, avisa a tus jefes y a los de recursos humanos que estás ligado sentimentalmente con alguien, esto te mantendrá alejado de chismes y radio pasillos, pues tarde o temprano se van a enterar.
- En caso de darse una relación o acercamiento amoroso con jefes, subordinados, clientes o proveedores, y tú consideras

que puedan trascender positivamente y deseas luchar por el amor, hazlo saber y solicita una transferencia de área, puesto o funciones de contacto. En caso de no darse, deberás escoger entre el amor o el trabajo.

- Evita las muestras de afecto en el entorno laboral como los besos, abrazos o caminar tomados de la mano. Así como dirigirse en el ambiente profesional como mi amor, bebé, cariño, etc.
- No tengas con tu pareja ninguna diferencia de trato, comportamiento o proceder, al que tendrías con cualquier otro miembro de la organización.
- Por salud profesional y la de tu relación, acuerda con tu pareja no llevar nada de la oficina a la casa o de la casa a la oficina. Deberán acordar que cruzando las puertas de la organización dejan de ser pareja y se convierten en compañeros de trabajo.
- No hagas nada en la empresa que pueda generar celos en tu pareja y no dejes que los avatares propios del amor ocasionen pérdida de productividad. Debes tener la madurez emocional para saber que es normal tener relaciones interpersonales con personas en la oficina en donde se tiene que ser amable y agradar al otro, por lo que no armes escenas de celos ni limites la interacción de tu pareja con otras personas dentro de la organización.
- En eventos corporativos como fiestas de fin de año, convenciones y similares, convive con tus compañeros de área y no con tu pareja. Esto mismo llévalo al oficinismo diario como la hora de la comida y los recesos; recuerda la importancia del *networking* por lo que no permitas que tu relación te aísle.
- No involucres a tus compañeros de trabajo en tus problemas personales ni los hagas opinar o tomar partido en tus discusiones de pareja.

- Piensa siempre en qué pasaría en caso de que terminara la relación, pero piénsalo en pareja y discútanlo de manera madura para que sepan cómo actuar en caso de darse el triste desenlace. Está comprobado que una de cada cinco relaciones de oficina que duraron más de un año terminan en matrimonio... el resto en el despido o la renuncia de alguna de las partes.
- Al terminarse la relación no salgas inmediatamente con alguien más de la oficina, no hagas escenas de celos, ni dejes que baje tu productividad. No acoses, aceches, ni trates de sacar información sobre tu ex con los compañeros de trabajo, a quienes tampoco deberás limitar ni hacer sentir mal por seguir tratando a tu ex pareja. Tampoco evites lugares ni situaciones en las que tendrás interacción con él o con ella y nunca hagas comentarios negativos acerca de la otra persona. Lo más sano siempre es considerar una transferencia o buscar otro empleo.

Ahora bien, si alguien te invita a salir y no quieres, o insistentemente te tira la onda o incomoda con sus coqueteos, lo recomendable es ser directos ya sea con la negativa o haciendo sentir nuestra incomodidad. Recuerda que ya aprendimos a decir no. Y no te confundas, no estoy diciendo que ser directo es ser grosero o cortante. Debemos ser asertivos exponiendo nuestra negativa con seguridad, pero siempre argumentando razones y pensando en la relación laboral a futuro. Un: "Qué lind@, pero de momento no quiero salir con nadie", o un: "Me halaga que pienses en mí, pero no acostumbro a salir con gente de la oficina", siempre funcionarán, así como el: "Sé que tu intención es opuesta, pero tus comentarios y piropos más que halagarme me incomodan" acompañado de una sonrisa, casi siempre son suficientes.

Finalmente, ten siempre presente que cuando las relaciones no se saben manejar adecuadamente, entorpecen el clima laboral y generan tensión e incomodidad entre los compañeros. Por lo que haz lo que quieras con tu braqueta y pantaletas, siempre y cuando estas acciones no interfieran con tus funciones como empleado, ni pongan en peligro la unidad del equipo de trabajo o la integridad moral de tu persona o alguien más. Por lo tanto, manejemos con recato nuestras pasiones carnales laborales y enfriemos los ánimos respetando el...

Quinto Mandamiento God—in!

No desearás a la mujer ni al hombre de tu cubículo

Y como no hay quinto malo, pero sí muchos quintos que son malos para ligar, les dejo a todos los *Forever Alone* el tip godín de auto mandarse flores para elevar sus bonos, generar interés y poner celosa a esa persona que los hace suspirar. Obvio este consejo es broma... ¿O no?

Estamos a punto de salir del Génesis para empezar a ver cómo tratar a las criaturas celestiales que le dan sentido al cielo laboral, pero antes, tenemos que hacer conciencia de que al entrar a trabajar somos "El nuevo", y que éste será tu apellido por al menos un bimestre. Yo de inicio sería "Alvaro el nuevo", hasta que paulatinamente mi nombre cambie y empiece a convertirme en "Alvarito", luego en "El Alvaro", posteriormente en "Mi Alvaro" o "Alvariux", para finalmente terminar en variaciones como "Flacoa" (opuesto a Gordoa), "Gordon", "Gordolfo Gelatino", "Mi G.G." (mi Gordoa Galán, así me diría en privado Ruth Elvira, de merca, quien al parecer me trae ganas) y demás ocurrencias que irían elevándose hasta convertirme en jefe de nivel bajo donde terminan los apodos. Todo esto me pasaría invariablemente en una oficina... ¡si me dejo!

APODOS

Y digo que todo eso pasaría hasta convertirme en jefe de nivel bajo, ya que si te das cuenta, empieza una disminución en el uso de apodos mientras se van elevando los grados jerárquicos hasta prácticamente desaparecer en la alta dirección. Esto es lógico, ya que nadie le daría un ascenso a "El Torpedo" (por torpe y pedo) o a "El Bistek" (por ser un pedazo de buey).

Por lo tanto, más te vale que si te van a poner un apodo sea a tus espaldas, eso quiere decir que te estás acercando a ser jefe.

Y los apodos son algo natural y tan antiguo como la propia humanidad. De hecho, en la Biblia (la original) podemos apreciar cómo el ambiente entre Jesús y sus apóstoles era bastante Godín en este aspecto de ponerle a los demás nombres chuscos y diferentes al original. Y si no me crees, ve cómo se pusieron creativos con el que hoy conocemos como el apóstol Tomás, del cual no se sabe cómo se llamaba, pues "Tomás"... ¡era su apodo!

La gente piensa que se llamaba Tomás y que le decían Dídimo, como se ve en Juan 11:16: "Dijo entonces Tomás, llamado Dídimo, a sus condiscípulos." Pero la cuestión es que *tomás* significa "gemelo" en arameo y *dídimo* significaba "testículo" en griego. De hecho, hoy en español dídimo sigue significando testículo (búscalo en el diccionario si no me crees).

¡A Tomás le decían "El Testículo"! 😂😂😂

Esto porque a los gemelos en las épocas bíblicas se les decía "testículos" por ser dos, estar juntos y ser igualitos. ¿Bastante Godín su apodo hasta este punto, no lo creen?

Pero falta lo mejor. Tomás no tenía un gemelo... entonces, ¿por qué se le conocía de esa forma y al día de hoy se le conoce como Tomás el Mellizo? ¡Pues porque decían que físicamente se parecía mucho a Jesús! Y al día de hoy nadie sabe su nombre verdadero porque la traducción literal de Tomás Dídimo es ¡Gemelo Testículo! Uuuultra Godín y llevado ese apodo.

Por lo tanto, si Jesús y sus apóstoles hubieran trabajado en estas épocas en el área de sistemas de una empresa mexicana, se escucharían diálogos como:

—¿Qué pasó mi Judiux? ¿No has visto al Huevo Izquierdo?

—Nel mi Johnny, pero creo que se largó antes a comer con mi tocayo el Tadeo. Ya lo reporté con el Huevo Derecho.

—Íralo, canijo traidor, a ver si ahora no rajo yo con el Chucho y le digo que le andas diciendo así. Y pa todo esto, ¿tú sabes cómo se llama el Huevo Izquierdo, o le vamos a decir así por siempre?

Y me podría seguir con el caso de Santiago el Menor, a quien le decían así porque ya había otro apóstol Santiago y había que diferenciarlos. Es como cuando está "Lupita la de caja", "Lupita la de conta" y "Lupita la otra".

Y lo más Godín del caso Santiago es que a él no le apodaban "El Menor" por tener menos edad, ¡sino porque era chaparrito! Sin duda hoy le apodarían "El Margarito", "El Chapito" o "El Superman", por ser el Hombre de Acero... ¡de acero centímetros!

Por lo tanto, si desde la Biblia se aplican los apodos, es muy normal que en tu oficina se escuchen con tanta frecuencia.

Pero hay de apodos a apodos, y el tipo de sobrenombre que se use tiene repercusiones en la percepción de quien lo porta y de quien lo dice. Por lo tanto, veamos su clasificación de acuerdo a su nivel Godín, y recuerda mantenerte alejado de ellos si quieres mantener una imagen profesional de alto nivel.

Y por favor, si es malo que te pongan apodos, ¡no seas tú quien solicite que te llamen así desde el primer día! "Hola, soy Liz Yaneth pero me gusta que me digan La Muñe." Solito y desde el inicio pondrías muy baja la barra de tu límite jerárquico.

Por lo tanto, por su nivel de Godínez, los apodos podrían clasificarse de la siguiente manera:

NIVEL	DESCRIPCIÓN	PERCEPCIÓN	EJEMPLOS
Básico	Todos los que anteponen un artículo o pronombre al nombre o apellido.	Ninguna para quien lo recibe. Bajo nivel sociocultural y socioeconómico para quien lo dice.	La Paty, El Sebas, El Ruvalcaba, Mi Lizbeth, La Trujillo y cualquier combinación imaginable.
Principiante	Los diminutivos y cualquier variación con sufijos. Si se antepone artículo o pronombre, se acercan más al nivel superior.	De sumisión en quien lo recibe y de dominio en quien lo enuncia. Generalmente se usan para los más jóvenes, los nuevos y los puestos operativos más bajos, en estos casos suele acompañarse de sus funciones.	Sandrita, Juanito el de limpeza, El Raúlillo, Mi Julito, Doña Carmelita de cafetería y cualquier otro que te provoque ternurita al escucharlo.
Superior	Las traducciones a otros idiomas que invariablemente se acompañan de artículos y pronombres.	Falsa importancia a quien lo recibe y adulación y lambisconería de quien lo pronuncia.	Mi Yorch, El Robert, El Luigi, Mi Mery, El Serch, El Yoni y cualquier otra sofisticación dizque glamorosa.
Avanzado	Cualquiera que ya no tenga parecido al nombre y haga referencia a aspectos físicos o sociales del receptor. Son muy usados los nombres de animales, personajes famosos y gentilicios. Obvio llevan artículo.	Poca seriedad y profesionalismo para quien lo recibe y quien lo dice, con cierta dosis de discriminación del último.	El Gringo, La Chiquis, El Gordo, El Caballo y El Pony (comparten oficina pero uno es chaparrito), El Chuacheneguer, La Chihuahua (es chiquita, flaquita y se espanta cuando la llama el jefe), El Geppetto, La Regia, El Pitbull (ya decides tú si por el perro o por el cantante) y cualquier otro parecido o categorización que se te ocurra.

Pro	Te los tienen que explicar por su alto nivel de creatividad. Generalmente se basan en aspectos despectivos del físico, la personalidad, las capacidades o la condición de quien lo recibe.	Dejado, abusado y humillado de quien acepta recibirlo, y altamente abusador y discriminador de quien lo pronuncia.	El Pichaca (Pinche Chaparro Cabrón), El Molusco (por pulpo y marisco), La Coqueta (está un poco tuerta), El Resbalón (por adelante parece res y por atrás balón), La Aguacate (es morena pero usa pupilentes verdes), El Zidane (le falta un dedo y por lo tanto es Zindedín), La Ferrari (carrocería que llega de 0 a 150 en tres segundos... ¡en la báscula!), El Fintitas (es medio cojo), El Frijol (porque es moreno y bueno pal pedo), El Químico (porque de físico no tiene nada), o simplemente decirle a cualquiera que tiene una discapacidad El Tamal, (porque está mal).

Ahora bien, no hay que ser extremistas y saltar cada vez que alguien nos llame de alguna manera diferente a nuestro nombre. Cuando los apodos de los niveles básico, principiante y superior se dicen de manera aislada y cariñosa, no hay problema. El problema es cuando se vuelve costumbre y ya todo el mundo te dice así, o cuando se refieren a ti por tu apodo frente a tus jefes o clientes. O peor aún, que tus jefes o clientes te digan por tu apodo.

También en confianza es natural que te llamen por apodos de cualquier nivel, pero ten mucho cuidado en la forma como te dicen tus Brodínez (la mezcla de Bro= hermano y Godínez), quienes son tu clan más cercano y a quienes ya consideras súper amigos, pues al ser personas de extrema confianza, son quienes normalmente te ponen y llaman por más apodos. Tengan la regla de nunca llamarse así cuando estén con personas fuera del grupo.

En empresas familiares, los integrantes de la familia pueden decirse como quieran a puerta cerrada, pero cuando estén con sus públicos internos y externos deben cambiar el papá, mamá, hijo, hermano, tío, etc., por su nombre de pila, título profesional o título de tratamiento social. Por lo que dado el caso, tu hermano se convierte en el doctor y tu mamá en la señora directora. Tampoco permitas que te digan: "Te habla tu papá" o similar. El usar términos familiares en el ambiente laboral, además de restar autoridad, genera una percepción de favoritismo.

Recuerda también que si trabajas con tu pareja no debes recurrir a términos amorosos para referirte a ella. De hecho, aunque no sea tu pareja, los términos amorosos también son apodos y no tienen cabida en el ambiente laboral porque están fuera de lugar. Por lo tanto, evita referirte a las personas con términos extremadamente Godínez como: cariño, guap@, bombón, cielo, precios@, amor, bonit@, princesa, príncipe, rey, reina o cualquier otra cursilería que se te pueda ocurrir.

Los hipocorísticos comunes como Pepe, Concha, Checo, Beto, Lola o Paco, y las reducciones de nombres como: Marifer, Juanjo, Lety, Fede, Ale o Pau, son bienvenidas.

Aléjate por completo de los apodos nivel avanzado y pro, son desagradables y poco finos, por lo que no corresponden a la clase que se tiene que transmitir en los niveles a los que deseas aspirar.

Y hablando de poca fineza, un tema que va muy relacionado al tipo de personas que usan los apodos pro y que también estanca tu crecimiento, es el de los albures. Evítalos, pues si el Godinato fuera un reino, al usarlos te convertirías en el paria que deambula por los arrabales y barrios bajos del feudo importunando a los demás.

Yo no soy bueno albureando, por lo que no tengo autoridad moral para abundar en este tema, además, cada vez que quiero alburear me toman la delantera, por lo que si me metiera a una competencia de esta desagradable práctica, seguro mi marcador quedaría en blanco y mi competidor sacaría millones. Yo simplemente soy una blanca e inocente palomita que nunca pondría en un libro los apodos de "Concepción" y "Sergio" juntos, tres párrafos atrás, con malas intenciones.

Pero en fin, para lograr que no te llamen con un apodo, tienes que mantener una delgada línea entre la amabilidad y la amistad con tus compañeros de trabajo. Tienen que verte como alguien cercano y confiable, pero no como alguien con quien tienen la confianza de hacer *mobbing* (recuerda que esto es el bullying de oficina) o alburear, ya veremos más adelante cómo lograrlo, aunque ya dijimos que puedes participar del Oficinismo pero no ser quien lo fomente.

Por lo tanto, recurre a la asertividad para decir que no te gusta que te llamen o traten así. Dilo de manera amable y recurriendo al humor o al chantaje, ya que si marcas tus límites ofendiéndote o enojándote, sólo lograrás que te digan más de esa forma, ya sea de frente o a tus espaldas. Tendrías que decir algo como: "Jajajajaja, está increíble el apodo, pero pooooorfa no me vayas a decir así frente a los demás, me sentiría muy mal", o: "Sé que modificaste mi nombre por cariño y de hecho me gustaba que me dijeran así, pero así es como me llamaba una persona que ya no está conmigo y se me mueven muchos sentimientos cada vez que lo escucho. No te sientas mal pues no lo sabías, pero si lo puedes evitar, lo agradeceré." Aunque no sea cierto, tu reputación es primero.

Y por favor, si estamos hablando de que un apodo puede dañar una imagen profesional, no seas tú quien los ponga o los use (aunque aceptémoslo, luego hay compañeros con los que sus papás se pusieron muy creativos y les harías un favor bautizándolos con apodos).

Ahora sí, querido pueblo Godín, estáis cada vez más cerca de ser liberados de las cadenas de vuestra esclavitud jerárquica. Partid entonces las aguas y dejad atrás este Génesis de oficina, os conmino a cruzar por la media de este libro rojo y llegar a las páginas prometidas donde os espera un gran conocimiento, mismo que os ayudará a desempeñaros bien ante las criaturas celestiales que le dan sentido a vuestro cielo laboral.

Bienvenidos al Éxodo.

SEGUNDA PARTE

Éxodo

Del lat. tardío exŏdus, y este del gr. ἔξοδος éxodos 'salida'.

1. Emigración de un pueblo o de una muchedumbre de personas.

iembro de la muchedumbre Godín, debes saber que tu imagen profesional no se desarrolla únicamente dentro de las cuatro paredes (o tablones) de tu oficina, cubículo o estación de trabajo. Muchas veces tienes que emigrar, solo o en manada, para satisfacer a las criaturas celestiales que le dan sentido al cielo laboral: los clientes; o bien para atender y servir a aquellos miembros de la organización que reciben los resultados de tu trabajo diario: los clientes internos.

Ya hemos hablado de la importancia de servir, y el servicio al cliente es el pilar que sostiene a cualquier institución, sin importar si estos clientes son internos o externos. Y aunque podemos inferir que el cliente externo es nuestro verdadero Dios profesional, en nuestra oficina estamos rodeados de muchos otros "Dioses" a quienes debemos servir, siendo ellos los clientes internos.

Nuestros clientes internos son todos aquellos que están relacionados con nuestro trabajo de una u otra forma. Ellos utilizan los resultados de nuestros procesos para lograr los suyos, convirtiéndose la dinámica laboral en una cadena de servicio en el que cada eslabón es fundamental para la consecución del objetivo final.

Seguro has escuchado que una cadena es tan fuerte como su eslabón más débil, por eso al inicio del libro hacíamos la analogía de que eres una pieza fundamental de una maquinaria pre-

cisa que, si no sirve, entorpece todo su funcionamiento. Por lo tanto, debes saber que es tan importante el cliente externo como el interno. Tus compañeros ligados a tus funciones y los proveedores que te abastecen, son fundamentales para la consecución de objetivos, por lo que en estos "Dioses" estará el juicio de valor sobre si eres bueno o malo, o si sirves o no. Y de su percepción se desprenderá la recomendación y buena evaluación, o la queja y la petición de cambio; por lo que en ellos estará si creces o no corporativamente.

Sólo Dios puede juzgarme, se suele decir. Comprende ahora cuantos "Dioses" te juzgan día con día y preocúpate mucho por su opinión.

Identifica por lo tanto con mucha precisión quiénes son tus clientes internos y externos de los que depende tu crecimiento. Todos son importantes. Pero sin duda dentro de los "Dioses" hay uno al que debes servir más que a los demás. Aquel que hace tu evaluación directa y al que más le sirves en sus procesos para crecer. Ese al que debes idolatrar aunque te cueste, sin caer en la adulación barata y en la lambisconería que se castigará tanto por él o ella, como por el resto de los súbditos.

A ese "Dios" que no solamente se le deber seguir, sino obedecer, respetar y hasta temer, se le llama jefe, por lo que por respeto empecemos a escribir su nombre en mayúsculas, o por temor, plasmemos su nombre sin todas sus letras.

A partir de hoy, estamos a sus órdenes J—fe.

Y antes de ver cómo ganarnos al J—fe (ya dejaré aquí esta broma para no gastarla, aunque seguro al rato la retomo), hablemos de unas habilidades que a veces tenemos muy olvidadas, pero que están comprobadas son las más importantes en el desarrollo profesional. A estas habilidades muchas veces las personas de capital humano las tienen abandonadas y no invierten mucho en su capacitación, pero lo peor de todo, nosotros también solemos dejarlas a un lado invirtiendo en aprendizajes que, si bien son importantes, de nada sirven sin el complemento de estas otras habilidades que en ocasiones tristemente se les llama secundarias.

Estas habilidades son las habilidades *soft* o suaves, y qué crees, todo este libro se ha tratado y se seguirá tratando de ellas.

Las habilidades suaves son las que no son duras (¡Genio!). Las duras o *hard,* son las relacionadas directamente con la ejecución operativa de tu chamba y están íntimamente ligadas a tu preparación académica y a las destrezas técnicas e intelectuales de tu profesión. Por otro lado, las *soft,* materia de esta Biblia, son las habilidades relacionadas con las cualidades que te ayudan a tener un mejor desempeño, como pueden ser, entre otras: el liderazgo, las relaciones interpersonales, el trabajo en equipo, la inteligencia emocional y social, el manejo de crisis y la resolución de conflictos, las habilidades comunicativas y, por supuesto, la imagen pública. Siendo esta última una habilidad *soft* que incluye a todas las demás, porque si definimos la imagen pública como la percepción compartida que provoca una respuesta colectiva unificada, podemos entender que estas habilidades están encaminadas a que muchos nos perciban de manera positiva para que nos acepten y nos den la cualidad de que somos buenos y servimos.

Y una de las principales habilidades *soft* es el *networking.*

NETWORKING DE OFICINA

En el mundo empresarial, se le conoce como *networking* a todas las actividades encaminadas para formar relaciones personales y empresariales con el fin de crear oportunidades de negocio. Estas actividades están muy enfocadas en fomentar el contacto interpersonal en donde se comparte información, se generan vínculos y se encuentran puntos de interés, siempre con el objetivo de hacer negocios.

Al hablar de *networking*, el primero que se viene a la cabeza es el *networking* profesional, el encaminado a conectar a profesionales de una empresa con tomadores de decisiones de otras, para encontrar puntos en común y establecer relaciones beneficiosas que respondan a sus respectivos intereses empresariales. Pero existe también el *networking* de oficina y el *networking* personal.

El de oficina, también llamado *networking* operacional, es el que tejes con los miembros de tu organización con el objetivo de tener una mejor disposición para cooperar y lograr relaciones armónicas con miras a alcanzar los objetivos personales, que se convierten en objetivos grupales por las responsabilidades compartidas. El *networking* personal, es el que tiene como objetivo establecer relaciones interpersonales de carácter social para tejer redes que podamos usar para diversos fines.

En resumen, hacer *networking* es socializar. ¡Es saber manejar las verdaderas redes sociales!

Por lo tanto, si quieres crecer en tu vida profesional, tienes que hacer no solamente el *networking* profesional que te ayudará en el lugar donde trabajas. Tienes que preocuparte por hacer una mezcla entre *networking* personal y *networking* de oficina, con públicos internos y externos, para agradarles y así sacarles el mayor provecho. Pues como en todas las relaciones interpersonales, siempre ayudarás y preferirás a la gente que no solamente conoces, sino que además te agrada y te simpatiza.

Imagínate que tienes antojo de un sándwich y dos personas lo venden. Es el mismo sándwich, con los mismos ingredientes, el mismo proceso de elaboración y están al mismo precio. La única diferencia es que uno de los vendedores es tu amigo y el otro un desconocido. ¿A quién se lo vas a comprar?... ¡Es lógico!

Por lo tanto, debes esforzarte en convertirte en "amigo" de la mayoría de las personas con las que convives en tu ambiente profesional. Y debes esforzarte el doble con tus clientes y con los

"Dioses" que deciden sobre ti. Y si te diste cuenta, aquí no solamente entrecomillé la palabra "Dios" sino que lo hice también con "amigo", ya que en realidad no lo serán o al menos no serán amigos de confianza.

Ya hablamos que hay una delgada línea entre la amabilidad y la amistad que no se debe cruzar si es que queremos crecer en el ambiente laboral. Mencionamos que deben verte como alguien cercano y confiable, sin que la confianza llegue al punto de la falta de respeto. La confianza apesta y en un momento veremos por qué. Pero antes, retomemos el concepto de que el *networking* que buscamos son las verdaderas Redes sociales (a las otras deberíamos llamarles Redes sociodigitales), y pensemos que al agradar a nuestras audiencias lo que andamos buscando son *Likes* y solicitudes de seguidores, de esos seguidores que en Facebook nos atrevemos a decirles "amigos" porque nos mandan *friend request*.

Veamos cómo lograr *Followers* pero sobre todo *Likes* en la vida real.

LIKES DE LA VIDA REAL

Si las personas trajéramos un botón integrado para darnos *Like…* ¿a quién se lo darías?

¿A ese poli de la entrada que sin saber su nombre te cae tan bien?, ¿a ese compañero del trabajo que, al parecer, también es el preferido de todos?, ¿o a esa nueva becaria que, aunque te cueste aceptarlo, trae enamorada profesionalmente a toda la oficina y tú quieres que sea contratada?… ¿Qué tienen todos los merecedores de tus *Likes* en común?

Unos le llaman carisma, otros le llaman ángel; pero la realidad es que todas las personas a las que les daríamos "Me Gusta", lo único que tienen es que hacen pequeñas acciones que hacen que los queramos y les caigan bien a los demás. Analicemos qué hacen para siempre merecer el pulgar arriba, pero sobre todo, ¡hazlas tú también y conviértete en generador de *Likes*!

1.— TE SONRÍEN:

Una vez más esta recomendación. Te dije que no me iba a cansar de darte este consejo pues ya sabes que la sonrisa abre todos los canales de comunicación y transmite empatía, amabilidad y seguridad. No por algo la Universidad de Florida encontró que las fotos en Facebook en donde aparece gente sonriendo son más propensas a recibir *Likes*.

2.— TE PERSONALIZAN:

Mostrar interés por los demás y preocuparte por sus vidas es de lo que más genera adeptos, pues en estos tiempos tendemos a "cosificar" a las personas. Cuando alguien recuerda tu nombre y lo usa, te hace preguntas sobre tu vida y después recuerda esos pequeños detalles, o se muestra preocupado por tus inquietudes; se convierte inconscientemente en tu amigo pues te hace sentir cercano. El clásico saludo de: "Licenciado Godoy ¿cómo sigue de su catarro?, ya lo veo mejor, a mí se me hace que lo curó la buena racha de sus Pumas..." ¡*Like* para mi "amigo"!

3.— NO TE JUZGAN:

A nadie le gusta ser juzgado o que lo critiquen, es lógico, pero aunque tú creas que no lo haces, nuestro lenguaje corporal no sabe mentir. Es por esto que las personas agradables REALMENTE han hecho una decisión consiente de no juzgar a los demás. Son personas que aceptan el hecho de que no pueden ni deben controlar la vida y opiniones de los demás y viven bajo el precepto de "vive y deja vivir". Responde sinceramente: ¿Quién de tu familia te cae mejor y quién peor y por qué?... ¡Qué fuerte! Lo mismo pasa en tu familia laboral.

4.— SON POSITIVOS:

Cuando alguien te contagia de buena energía, disfrutas su presencia y haces vínculos emocionales positivos hacia su persona. La culpable de esto es la dopamina y sólo podemos generarla cuando nos sentimos bien. Por lo tanto, mantén una buena actitud hacia todos y no seas el que siembra la semilla pesimista. ¿O acaso nunca has visto cuantos *Likes* generan las frases motivadoras sobre lindos paisajes y cuantos bloqueos sufren los Trolls? ¡Sé un motivador!

5.—SON SIMPÁTICOS:

Reír y hacer reír a los demás es el mejor estimulante. Todos queremos a alguien que es alegre, que hace chistes en momentos apropiados y que no le importa ser vulnerable con sus defectos pues no se toma demasiado en serio. Por esta razón es que los contenidos que más se viralizan en Redes y los que más *Likes* generan son los de humor. Ahora bien, no confundas la simpatía con ser el chistosito de la oficina que tan gordo cae. La simpatía es la inclinación afectiva que surge entre las personas cuando se agradan y hacen sentir bien. Procura que tu compañía sea extremadamente agradable y tus acciones siempre hagan sentir bien a los demás.

6.— TE APAPACHAN:

Las personas que no rehúyen al contacto físico y que usan el sentido del tacto como un medio de comunicación, serán más propensas a ganar tu confianza, pues llevan las cosas del plano social/cortés al de amistad/calidez. Es la diferencia entre un lejano: "Hola", y un saludo de beso o un apretón de manos mientras te tocan el hombro. ¡Y aquí, cuidado! No estoy diciendo que tengas que andar de mano larga, dando abrazos sin motivos, o hasta ser esa persona repelente que te toma de los hombros o te da un ligero masajito cuando se acerca a ver tu pantalla... ¡No! Eso está prohibido y más que generar *Likes* provoca *Unfollows*. Ya hablaremos del porqué cuando abordemos el tema de Género en los negocios. De lo que estamos hablando, es de usar nuestra proximidad y el sentido del tacto como un medio de comunicación no verbal que transmita cercanía sin perder el profesionalismo.

Y apapachar también es dar abrazos al alma en las buenas y en las malas. Estarás apapachando el alma si el día de su cumpleaños le marcas por teléfono, en lugar de sumarte a una fría cadena de felicitaciones por WhatsApp, o si asistes a un servicio funerario cuando lamentablemente un ser querido se les murió.

7.— SON DETALLISTAS:

Un detalle es un ligero rasgo de cortesía, amabilidad o afecto. Es como cuando alguien te etiqueta en una publicación que piensa que te va a gustar o interesar y lo agradeces. Sé detallista en la oficina y no lo confundas con dejarles a todos paletitas de corazón o calabaza en San Valentín o Halloween, no, esos son clichés Godín que pasan desapercibidos porque son masificados. Se trata de tener detalles dirigidos con mira láser y altamente personalizados. Si te fuiste de viaje a Los Ángeles y sabes que alguien de la oficina le va a Los Lakers, tráele una gorra; si una compañera acaba de dar a luz, mándale un regalito para el bebé en el hospital, o si alguien acaba de lograr un ascenso, regálale un libro que le motive a desempeñarse mejor en sus nuevas funciones con una nota de felicitación. Imagínate que en este momento entraras a Starbucks y te dijeran: "Dale *Like* a esta publicación y tu café será gratis", ¿se lo darías? Pues los detalles funcionan a la inversa: déjale a alguien en su lugar de trabajo su café favorito y escríbele en el vaso algo positivo, el *Like* de la vida real vendrá hacia ti.

Ser detallista también es ayudar a alguien cuando lo necesita o mostrarle nuestro apoyo moral, desde prestarle nuestro cargador cuando se le está acabando la pila, hasta ofrecerle nuestras manos cuando se le cargó la chamba, pasando por ceder el paso en los torniquetes o ayudar a conectar el proyector para la presentación. Son todos los gestos de cortesía que deberíamos hacer sin esperar nada a cambio. Los detalles, aunque son pequeños, se convierten en una avalancha de corazoncitos tipo Intsagram que se van acumulando en el pecho de los demás.

Por lo tanto, sigue estos consejos de *Likes* de la vida real, y la próxima vez que pases frente al cubículo de Normita Espejel, la de nómina, en lugar de seguirte de frente o hacer tu acostumbrado y frío "hola", aplícale el: "Hola Norma (mientras le sonríes), desde el otro día te quería preguntar cómo vas con [insertar pequeña preocupación de la que habló hace un mes en junta], si te puedo ayudar en algo me avisas. Me acordé de ti con [insertar hobby, gusto, detalle del sobrinito que compartió, etc.], te lo voy a mandar por Whats pues te va a gustar. Pues a darle con todo Norma que la chamba no se hace sola, que tengas un gran día." 👍.

Y si bien ya hablamos que no debes fomentar una amistad de confianza real, es inevitable que con algunos compañeros cruces la línea de la amabilidad y llegues a los terrenos de la amistad verdadera y leal, convirtiéndose algunos en tus amigos del alma con los que te irás de fiesta, convivirás con sus familias y dentro de la oficina tendrán sus propios rituales, códigos y hasta chistes locales. Estos serán tus Brodínez, y como ya lo explicamos, son tus hermanos de oficina. El problema de tener muchos Brodínez es que pueden convertirse en riesgo para tu crecimiento. ¿Por qué? Te invito a ver las consecuencias negativas de pertenecer a una sub manada unida dentro de la gran manada laboral:

- Tu grupo puede caer en conductas poco profesionales ante los ojos de los demás y sobre todo de los superiores: es como cuando en la escuela la maestra ya estaba harta del grupito de amigos que se la pasaban jugando en clases, por lo que terminaban separándolos o hasta expulsados. En la oficina es igual, si perciben que juegas más de lo que trabajas (aunque no sea realidad), los separarán o los correrán.

- Puede intensificarse el *mobbing* y cruce la línea del respeto: el *mobbing* o bullying de oficina, tiene una variante que no puedo decir que sea buena, pero sí normal y natural. Yo le llamo el *mobbing* buena onda. Similar al bullying que te hacen tus mejores amigos y seres queridos sin afán de herirte o humillarte. Son esas burlas, bromas y provocaciones sobre las que te defiendes contraatacando con burlas, bromas y provocaciones. Es como cuando después de hacerte una broma les dices a tus amigos: "Son unos imbéciles", pero en realidad significa: "Los amo y ya me vengaré." En la oficina se dan bromas tan Godínez como pegarle a alguien su engrapadora y demás artículos de oficina al escritorio, asustarlos diciendo que ahí viene el jefe cuando estaban haciendo algo malo, o configurar el autocorrector de su celular para que al escribir su nombre y el de su empresa se pongan otras palabras más graciosas y vergonzosas. Pero también se dan retos del tipo "A que no te atreves" y se hacen chistes recurrentes sobre los errores y osos de los compañeros. El problema es que esas bromas, retos y chistes, tienen que ir subiendo de nivel y superándose constantemente para que sigan siendo graciosos. Hasta que se llega al punto en que se rebasa lo prudente y deja de ser chistoso, convirtiéndose en un riesgo para nuestro empleo. También, suele darse el caso de que la balanza del destinatario del *mobbing* empieza a cargarse a un miembro específico del grupo, provocando su incomodidad y dejando de disfrutar lo que para otros es supuestamente divertido. Y ni qué decir de que además es un riesgo a la productividad, pues la gente termina estando más preocupada y pendiente por planear o presenciar la siguiente broma, reto o chiste, que por trabajar. Un niño al que regañan en la escuela por hacer bullying puede argumentar que "solo estaba jugando", lo que no le quitará la culpa de que hirió y humilló a alguien más, además de que estaba haciendo otra cosa en lugar de estudiar. En la oficina es igual, a veces el juego deja de ser divertido.

- Pueden pagar justos por pecadores: los jefes saben de la unidad de ese Brodinato y terminan viéndolo como una sola célula, por lo que las malas percepciones por los resultados de uno pueden afectar a todos. Recuerda el dime con quién andas y te diré quién eres.

- Tal vez no te consideren para ascensos: nuevamente, los jefes los ven como una célula, por lo que se les hace incómodo decidir a quién del grupito le darán el ascenso y prefieren irse con alguien más. Además, los jefes perciben que si ponen a alguien como jefe de sus mejores amigos, no lo respetarán, habrá mano débil y se tendrán conductas laxas o favoritismos.

- Ausencia de autoridad: que en el caso de que sí se dé el ascenso o que la relación Brodín haya surgido entre jefe y subordinado, se pierda el enfoque de que uno está en posición de mando sobre el otro y se perciban como iguales. Por lo que el que está subordinado se saltará órdenes, no solicitará permisos o responderá altaneramente cuando lo reprendan tal y como se responde cuando se tiene una discusión entre amigos. Por su parte, el jefe estará en una situación muy incómoda al momento de tener que "jalar las orejas", de evaluar, o de tomar una decisión que pueda reportarle desventajas a su subordinado.

• Pueden surgir celos que te alejen de los demás: sí, celos tan nocivos como los de una pareja que pierde contacto con sus familiares y amigos. Entre los Brodínez empiezan a darse comentarios como: "Por qué te fuiste a comer con los otros" o: "Ahora ya convives más con los del proyecto nuevo" y hasta: "Por qué mejor no te vas con tu amiguita la nueva ya que se la viven juntos." Comentarios que entre broma y broma empiezan a convertirse en una limitante para hacer el tan importante *networking* descrito en este capítulo y que tú y tus amigos se conviertan en un bloque que se estanca.

Por eso afirmé que tus Brodínez son un riesgo para tu crecimiento. Tú decides si quieres tenerlos o no, pero siempre ten presentes los pros y los contras al escalar de nivel una relación, y sobre todo ten presente que mientras estén en la oficina, antes que amigos, son colegas.

Y hablando de celos, existe una variante que son los celos profesionales, esos que son producto de desear lo que otros tienen y de no compartir lo mejor de ti. Cuando le dan un ascenso a un compañero de trabajo ¿te da alegría?, o sufres los estragos de nuestro:

Cuarto Pecado Capital Godín

Envidia:
compañerismo
y trabajo en equipo

esafortunadamente, es muy común que en el ambiente de oficina existan malas vibras producto del triunfo y bien ajeno. Y es que, viéndolo objetivamente, la vida de oficina es una competencia constante. Desde la entrevista de trabajo somos contendientes y así nos acostumbramos a ver al que está sentado a un lado: como un rival que aspira a tener lo mismo que yo.

Y no solamente somos contendientes a un puesto. Somos contendientes también a afectos personales, palmadas en la espalda, diferencias de trato, usos de espacios físicos, bonos, prestaciones y demás comparativas que se prestan a un pique entre compañeros que se traduce en comentarios del tipo: "Por qué tú sí y yo no."

Desde "por qué a esa persona sí le dieron el permiso de faltar cuando se fue a su viaje y a mí no", pasando por el "por qué su lugar está viendo hacia la ventana y el mío hacia la pared", hasta el "por qué no le dicen nada por venir de tenis si a mí me regañaron el otro día". Y la lista de ejemplos sería interminable. Sinceramente, ¿cuántas veces a la semana sientes este sentimiento de coraje producto de que a "alguien sí y a ti no"? ¿No lo sabes? Haz conciencia a partir de hoy y te darás cuenta que es más común de lo que tú crees.

Además, este sentimiento no solamente es producto de una comparación que nos hace sentir una injusticia, sino que muchas veces es producto de que a una persona le vaya bien en su desempeño personal o profesional derivando en celos e instintivamente desacreditando los méritos. Si a alguien le dieron un ascenso: "No se lo merece, está creciendo a lo tonto como enredadera." Si le dieron un aumento de sueldo: "No se lo merece, lo que pasa es que sabe venderse muy bien." Si alguien rompió un record de ventas: "No se lo merece, fue mera suerte." Si fulanito o menganita están muy guapos: "No es cierto, están todos operados y son unos *freaks* pues quién se arregla así para ir a la oficina y come kale."

Y a todo esto se le llama envidia y daña el compañerismo. Tiene dos vertientes: cuando se envidia que el otro tenga lo que yo no tengo. Y cuando envidio que al otro le pasen cosas buenas y a mí no.

Pero... ¿en serio yo no lo tengo y al otro le pasan cosas buenas y a mí no?

Antes de responder estas preguntas, definamos al compañerismo como el vínculo positivo que existe entre compañeros y que se transforma en armonía y buena correspondencia haciendo equipo. Me encanta esta definición. Pero es imposible que te vincules positivamente con alguien si te corroe la envidia, por lo tanto, al no existir este vínculo positivo lo que reinará será la desarmonía, y al no existir correspondencia no querrás convivir con el depositario de tu veneno haciendo que no pueda existir la palabra equipo.

Y aquí tendría que poner una frase trillada de esas que abundan en el Facebook diciendo algo como: "La envidia es un veneno que se toma uno esperando a que se muera el otro." ¡Y sí es cierto! Sentir envidia es ponerte el pie solito porque dejarás de hacer equipo y no lograrás ni tus objetivos profesionales ni los de la empresa. Además, si eres de los que convierte sus sentimientos de envidia en chismes, la cosa se pone peor para tu imagen pública.

Y no confundas chisme con rumor. El rumor es la voz que empieza a correrse en la oficina y que tiene bases de verdad aunque se exagera y desvirtúa porque no hay certeza. El rumor es la famosa frase: "Si el río suena es porque agua lleva." El chisme es la mera habladuría que pretende indisponer o enemistar a unas personas con otras o busca el desprestigio de alguien más. O sea, la diferencia está en la saña. Mientras es normal participar en el rumor de que supuestamente habrá un recorte de personal, es totalmente subnormal andar diciendo que alguien es un barbero lambiscón o andar creando teorías de que a alguien le dieron el ascenso porque "seguro le están poniendo".

Pero no todo el ambiente Godín es mal rollo. De hecho la vibra normalmente es positiva y el compañerismo afortunadamente es la norma y la envidia la excepción. El problema es que una pizca de caca en el pastel ya lo echó a perder en su totalidad. No seas tú el contaminante de ese postre tan delicioso que es el compañerismo y el trabajo en equipo.

Y como tú si puedes cambiar pero no puedes cambiar a los demás, veamos cómo lidiar con esas toxinas casi fecales que desafortunadamente contaminan la oficina: la gente tóxica.

CÓMO LIDIAR CON GENTE TÓXICA

Siempre he pensado que el origen de las palabras hace que estas sean mágicas por lo que simbolizan, y la etimología de tóxico es la mejor forma de comprender cómo sería un individuo a quien se le cuelga este adjetivo. Tóxico viene del griego τόξον (tóxon) que significa "arco", de arco y flecha, y φάρμακον (fármakon) que significa "veneno". Por lo tanto lo tóxico, era el veneno que se aplicaba en las flechas para causar el mayor daño posible. Todo esto parte de cuando la diosa Hera manda a Hércules a matar a la Hidra, una serpiente de 9 cabezas, y para lograrlo empapa la punta de las flechas con su sangre viperina, haciendo que muera por conducto de su propio veneno. ¿Ves por dónde va la cosa?

Las personas tóxicas en la oficina (y en la vida), son esas víboras que se la pasan arrojando dardos envenenados a diestra y siniestra, y cuya diana puedes ser tú o cualquier otra persona o situación. Pues no sólo disparan contra las personas, sino también contra el ambiente, los proyectos, su entorno y hasta contra cosas que no pueden controlar como el clima o el tiempo: "Maldito calor asqueroso, así cómo quieren que trabajemos", o "no soporto los lunes, ¡qué flojera!". Las personas tóxicas son seres que sólo tienen comentarios negativos y que siembran la semilla del pesimismo. Misma semilla que muchas veces germina y da frutos de mayor negatividad, pues desafortunadamente los males de este veneno se contagian. La toxicidad genera mayor toxicidad.

Seguramente lo has escuchado con la analogía del frutero y las manzanas podridas. Está comprobado que si pones una manzana en buen estado rodeado de muchas malas, la buena acelerará su proceso de descomposición. Pero si pones una manzana que esté decayendo rodeada de manzanas frescas y lozanas, su proceso de decadencia se frenará.

Por lo tanto, no te dejes contagiar por las manzanas podridas de tu oficina y sigue estas recomendaciones para matar a la Hidra laboral:

Utiliza la inteligencia emocional y minimiza los comentarios: si los comentarios te enojan, irritan, desmotivan o te provocan cualquier otro sentimiento negativo o desagradable, tómate un respiro y piensa "no es para tanto" y "esas son TUS opiniones". Te pido que de momento seamos inteligentes racionalmente y que me concedas el beneficio de la duda sobre la Inteligencia emocional, pues sobre ella abundaremos en el pecado de la ira. Piensa de momento que las opiniones y emociones de los demás no deben afectar las tuyas, y si alguien odia los lunes y tú llegaste con la mejor actitud a iniciar la semana, que no cambie tu percepción.

No te dejes contagiar físicamente ni caigas en conflicto: el contagio es a nivel físico, ya que estudios de la Facultad de Ciencias sociales y del comportamiento de la Universidad Friedrich Schiller de Jena, Alemania, comprobaron que el simple hecho de ver a una persona a la que consideramos tóxica produce en nosotros cortisol, la hormona que liberamos cuando tenemos estrés. Por lo tanto, el simple hecho de convivir con estas personas pone a nuestro cuerpo en un estado de alerta e incomodidad que puede fácilmente explotar. Si estando ya estresados la persona tóxica nos dice de manera sarcástica algo como: "Se nota que te has estado alimentando bien...", para referirse a nuestro peso, en ese momento el cortisol invita a la adrenalina y juntos hacen una bomba que estalla reaccionado con un: "Pues claro que me alimento bien, no como tú, pinche pobre, además a mí la gordura se me quita haciendo ejercicio pero a ti esa jeta ni el cirujano más experto la saca." Dándonos una satisfacción momentánea que después se convertirá en arrepentimiento, vergüenza y, sobre todo, daño a nuestra imagen pública. Y además estás alimentando a la víbora. Las personas tóxicas eso es lo que buscan, el conflicto, pues viven y se alimentan de él. Por lo tanto no les des el gusto de discutir contigo.

¿Y cuál será el mejor antídoto para lograrlo y contrarrestar este malestar físico?... ¡Sí! Una vez más la sonrisa. Recuerda que la sonrisa produce en nosotros liberación de endorfinas, dopamina y oxitocina, que nos darán motivación positiva, haciendo que le cerremos la llave al cortisol y a que no reaccionemos de manera defensiva.

Pero también recuerda que ver a alguien sonreír aumenta las posibilidades de que uno se sienta más feliz y que ese buen ánimo se contagie, esto por las neuronas espejo que generarán dopamina, endorfinas y oxitocina en quien percibe la sonrisa y los harán sentirse bien. Esto ya lo habíamos aprendido, ahora úsalo pues en una de esas hasta transformas a la Hidra en un feliz y tierno corderito.

Y la última recomendación es evitar a esa persona si puedes: desafortunadamente habrá momentos en los que no te quede de otra más que convivir, pero si es posible, no frecuentes a este tipo de personas pues se convierten en un freno para tu avance. No comas con ellos, no tomes el cafecito en su compañía y no te sientes cerca de ellos en juntas y espacios del trabajo. Salta de ese frutero podrido lo antes posible.

Y regresando a los chismes, habrá momentos en la oficina que tus funciones sean las de ser "el chismoso". Y lo pongo entre comillas pues la realidad es que no estarás chismeando, simplemente reportando ciertas cosas pues son tus funciones, o debes de comunicar algo que puede afectar tu reputación o la de la compañía. Aunque a los ojos de los demás a estas personas se le tacha de "chismosas", porque "ya fuiste con el chisme de que no entregué a tiempo y el cliente está muy enojado".

Muchas veces los jefes nos piden que reportemos los rumores de oficina y radio pasillos que puedan afectar la dinámica laboral o la consecución de objetivos, convirtiéndonos en sus infiltrados y poniéndonos en una incómoda situación pues sentimos que estamos traicionando un código de confidencialidad no escrito entre compañeros. Por lo tanto, si tú estás en esta compleja situación, veamos cuál es la forma correcta de reportar los rumores o verdades que afectan el actuar profesional.

¿CÓMO COMUNICAR A TUS SUPERIORES SIN PARECER CHISMOSO?

- Ten pruebas: al reportar cualquier cuestión, ármate de hechos, con ellos siempre habrá comprobación y tendrás argumentos para no caer en el chisme o la especulación.
- Sólo reporta cosas que afecten a la operación o imagen del negocio: evita las cuestiones personales entre los colabora-

dores aunque tengas pruebas. Si dos compañeros tienen un romance ilícito que sólo afecta a sus vidas personales, no eres tú el responsable ni de juzgarlos ni delatarlos. Pero si por ejemplo tuvieras la certeza de que un compañero está involucrado con un cliente que recibe un trato preferencial y viola las políticas de la compañía, ese romance sí lo debes comunicar porque afecta la operación del negocio. Si no lo haces, tarde o temprano al salir la verdad tu jefe te preguntará: "¿Tú sabías?" Cayéndose tu reputación pues también serías percibido como desleal, cómplice y parte del problema.

- Sé totalmente objetivo y nunca editorialices: juzgar le corresponde al superior. Al reportar únicamente expón los hechos y evítate comentarios como: "Lo que yo creo que pasó es..." o "a mí se me hace que..."
- Mantén un perfil bajo y empoderado: si tus funciones son de reportar o si tu jefe te solicita ser este "topo" infiltrado, sé discreto y no lo reveles, pues te verán como el enemigo y siempre dudarán de ti. Y no solamente no lo reveles, sino nuevamente trata de mantener un bajo perfil en donde tu comportamiento sea amable y educado, pero no cercano. Muchas veces la gente sabe que tus funciones son las de reportar, por lo que es mejor que te perciban como una figura de autoridad que como a un Brodín que les puede hacer el paro.
- Si estás involucrado en el proceso negativo o eres parte del problema a reportar, reconócelo y menciona cómo fueron las cosas tal cual, para que no des la percepción de que quisiste omitir la información para lavarte las manos. Ya veremos en otro capítulo cómo manejar estas crisis.

Entonces, hay personas que simplemente son mala leche y esa leche no solamente está amarga y podrida, sino además envenenada. Pero podría darse el caso de que esa flecha envenenada que estamos recibiendo sea totalmente justa y merecida. La Hidra era un ser detestable, por eso Hércules la puso en su mira y mereció su fatídico destino. Veamos finalmente cómo no ponernos en la mira de los demás para no provocar envidias en el ambiente laboral.

CÓMO NO PROVOCAR ENVIDIAS EN EL TRABAJO

Imagínate que acabas de recibir un gran aumento de puesto y por lo tanto salarial, pero para tu tristeza, al comunicarlo el Godinato empieza a verte con rencor y hasta tu propios Brodínez se alejan y te miran con un frío desdén. "¿Por qué la gente no puede disfrutar el éxito de los demás?" te preguntarías con confusión, hasta llegar a la conclusión: "Allá ellos, mugres envidiosos." Y sí, te tienen envidia. Pero más que envidia te tienen un poco de odio, producto de tu soberbia, pecado del que ya hablamos dentro de la Vanidad. Por lo tanto, para no ser presa de esas flechas envenenadas, mantente alejado de las provocaciones que muchas veces y con buenas intenciones, hacemos sin querer.

1. Valora la contribución de los otros para tu éxito

Para desarmar los celos y envidias, lo mejor que puedes hacer es demostrar humildad y gratitud. Pensar que eres el único artífice de tu éxito no solamente es soberbio sino estúpido, pues en la vida laboral nadie hace nada por sí solo. Formas parte de una organización y por lo tanto eres una pieza de una maquinaria más compleja en la que la colaboración de todos es indispensable. Por lo tanto, haz notar que lo que has construido es parte del trabajo en equipo y vincula a los otros a tus logros. Aprende a darles crédito a los demás y si te felicitan, siempre di que es producto del trabajo de varias personas. Cuando te den un ascenso, hazle saber a todos los de tu cadena de valor que lo obtuviste gracias a ellos y agradéceles. Imagínate cómo te sentirías si un trabajo que requirió de todo tu esfuerzo y colaboración es galardonado en una entrega de premios, pero al subir el directivo a recoger el reconocimiento, empezara a hablar en primera persona y solo agradeciera a su familia por el apoyo. ¿Te voy pasando el arco y flechas?

2. Muéstrate vulnerable y pide ayuda

Otra forma de disolver la envidia es no vanagloriarnos y siempre mostrar nuestras debilidades. El futbolista que aún ganando y anotando dice que el triunfo es de todos y que agradece estar rodeado de ese equipo, pues lo ayudan a jugar mejor, es más admirado que el que dice que se echó al equipo al hombro y gracias a él ganaron. Y no se trata de tener una actitud agachada o de falsa modestia. Se trata de que así como ayudas a los demás en sus trabajos, recurras a ellos para pedirles ayuda. Esta es una forma de reconocimiento a los demás y de disolver esa imagen de autosuficiencia que cae tan gorda. En el caso de un ascenso o del nombramiento como líder de proyecto, debes acercarte a los involucrados y decirles que necesitarás toda su ayuda, talento y experiencia para lograr la difícil tarea que se te encomendó. Inclusive muestra tus miedos y preocupaciones para que los otros se conviertan en tus consejeros y en apoyo moral. Trata de que los demás te digan la frase: "Te va a ir perfecto, eres un fregón", pues así ellos te están poniendo la corona y tú no te proclamas rey.

3. No hagas sentir menos a los demás
ni hagas alarde de tus sueldos y prestaciones

No excluyas a nadie ni muestres tus beneficios laborales. Si tienes acceso a un comedor o baño diferente, o se te convoca a un evento en particular por tu rango o funciones, no digas algo como: "Lo siento, es sólo para directivos", o "nos vemos después de comer, yo voy al comedor de arriba". Tampoco reveles tu sueldo. Si alguien te pregunta cuánto ganas, responde con frases del tipo: "No sé bien con exactitud por los bonos, impuestos y demás; lo que importa es que estoy contento y ojalá sigamos creciendo." Si la persona insiste dile: "Ve con los de Recursos humanos, ellos te podrán decir con mejor precisión."

4. Mantén un bajo perfil
Si tu crecimiento hace que empieces a rodearte de mejores cosas y mayores lujos, no lo presumas ni lo restriegues en persona o en tus redes sociales. Y no estoy diciendo que dejes de comprar cosas buenas o de disfrutar la vida con el dinero que honradamente te estás ganando, sino que no llegues a la oficina con la bolsa nueva de marca y la pongas arriba de la mesa de la sala de juntas diciendo: "Uff, traigo mil cosas en la bolsa y pesa un buen mi Vuitton." Porque en ese caso las víboras tienen derecho de reptar sobre la mesa y devorarte con todo y bolsa.

Estamos a punto de librarnos de este pecado, pero recordarás que al empezar este capítulo mencionamos que la envidia de oficina se da de dos formas: cuando envidio que el otro tenga lo que yo no tengo, y cuando envidio que al otro le pasen cosas buenas y que a mí no. Y formulamos las preguntas: ¿En serio yo no tengo? ¿Al otro le pasan cosas buenas y a mí no?

La realidad es que es una cuestión de comparativos bastante relativa. Compite, pero no te compares. Tú también tienes muchísimas cosas buenas y a cada rato te están pasando cosas maravillosas, el problema es que no te percatas por fijarte más en lo bueno que le pasa a los otros y sólo ver lo malo que te pasa a ti. En la vida todos terminamos sumando cero, pues lo positivo y lo negativo que nos toca vivir equilibra la balanza. Por lo tanto compite, pero no te compares. Nunca digas que alguien es más y tú menos, ni tampoco lo hagas a la inversa. Y no caigas en el cliché de decir que compites contra ti, ¡no es cierto!, compites con los demás pero dentro de un mismo equipo. Por lo tanto admira a los demás y aprende de ellos, piensa siempre que si a los otros les va bien es síntoma de que las cosas avanzan y sus logros son los tuyos. Compite entonces, pero no te compares.

Cierro este pecado de la envidia con una frase de Mark Twain que dice: "Aléjate de la gente que trata de empequeñecer tus ambiciones. La gente pequeña siempre hace eso, pero la gente realmente grande, te hace sentir que tú también puedes ser grande." Una vez más, compite pero no te compares, y si lo haces, piensa que ambos son grandes.

Pero regresemos al tema del *Networking*. Antes de este "breve" pecado capital, que se prestó más a la reflexión que al consejo, dimos recomendaciones para caerle bien a los demás con los *Likes* de la vida real y demás consejos de *networking* de oficina. Pero centrémonos ahora en esas personas a las que debemos satisfacer sobre todas las cosas. A esos "Dioses" que debíamos seguir, obedecer, respetar y hasta temer. Veamos entonces todas las recomendaciones para ganarnos y lidiar con los J—fes.

TEMOR A "DIOS"

Una de las relaciones más delicadas en el trabajo es la que se entabla con el jefe o la jefa, pues además de ser quienes deciden si subimos de rango e ingresos o no, son quienes pueden hacer que consideremos nuestro empleo como un pedacito de cielo o el mismísimo infierno dentro de cuatro paredes. Saber manejar la relación con quien manda, requiere aprender ciertos recursos de comportamiento que contribuirán a la construcción de una mejor imagen profesional ante sus ojos. Por lo tanto, sigue estas tres recomendaciones para que tu relación sea gloriosa y no un tormento prolongado:

1. Lo primero que tenemos que hacer para ganarnos a nuestro jefe o jefa es trabajar. De eso no hay duda y es lo primordial. Al buen profesional se le reconoce por sus resultados dijimos ya en este libro y eso nunca va a cambiar.

2. Lo segundo que hay que hacer es elevar a la décima potencia las recomendaciones de *networking* de oficina que ya vimos, así como seguir a rajatabla el resto de las recomendaciones de este libro que ya abordamos y las que veamos hasta que cierres la última página.

3. Y lo tercero es seguir una serie de sutiles recomendaciones para ganártelo aún más, pero no sólo a él o a ella, sino al jefe de tu jefe y al jefe del jefe de tu jefe. Hasta toparte con los managers de más alto nivel o al mismísimo Dios Padre de la organización: los dueños.

Y si habláramos de una Santísima Trinidad Godín en el que El Padre serían los dueños y empresarios, entonces El Hijo serían los jefes y subjefes directos e indirectos. Y el Espíritu Santo serían los del departamento de Recursos humanos, pues si bien casi no los ves, estás encomendado totalmente a ellos pues son los que te contratan, ascienden y pagan; además de que en más de una ocasión intercederán por ti.

Por lo tanto, así sea tu jefe directo o cualquier miembro de esta divina triada, sigue los siguientes consejos para que te inviten a subir con ellos a su trono celestial:

- Averigua lo más que puedas sobre los jefes: sus estados familiares, sus pasiones y hobbies, lo que les gusta y les interesa, qué y dónde estudiaron, en qué otros lados han trabajado, sus fechas de cumpleaños y otras fechas importantes, y hasta cuál es su comida y música favorita. Esta información la usaremos durante toda nuestra vida profesional para ser detallistas con ellos.

• Agárrales la onda: cómo es su personalidad, cuáles son sus estilos de dirigir, qué les enoja, cómo les gustan las cosas. Pon mucha atención los primeros días de trabajo, obsérvalos mucho y sígueles la pista, pues van cambiando de opinión y su forma de actuar; basta que lean un nuevo libro o regresen de un curso, para que quieran cambiar las cosas. Fíjate muy bien qué reglas ponen, qué comportamientos esperan y cómo son en trato humano. Una vez que te des cuenta qué tipo de jefe son, usa esta información a tu favor para darles por su lado. Si a uno le gusta revisar reportes de manera impresa, por más que tú seas *paper less* (libre de papel por conciencia ecológica o comodidad), dáselo impreso. O si otro es el clásico "sin amigos" que le gusta platicar de tonterías antes de empezar las juntas, escúchalo con atención y participa de su plática con tus propias tonteras.

• Establece que los jefes son los jefes: no son nuestros "cuates", y una cosa es que a veces nos traten con calidez y confianza, y otra que aprovechemos el viaje para tratarlos de manera desfachatada. Aprovecha la cercanía pero nunca abuses de ella y mantén los límites del respeto y el decoro. El chiste es poco a poco ganarnos su cercanía y convertirnos en personas con las que no solamente les agrada trabajar, sino convivir. Puede darse el caso de que exista ya mucha confianza y cercanía al grado de llamarlos por un apodo de los primeros niveles, usar un lenguaje más coloquial o hasta vulgar con ellos, o hasta que compartan chistes locales; pero ese trato nunca debe darse frente a los demás, pues ante sus ojos y los del resto de la oficina, se percibirá como insubordinación.

• Llega siempre antes que tus jefes y retírate después que ellos: si por algo el jefe es de los que les gusta salir tarde, ni hablar.

Aunque si tu jefe es respetuoso con los tiempos y algún día por excepción se queda más tiempo, antes de retirarte pregúntale si se le ofrece algo o ya te puedes retirar. Que nunca vaya a pasar que un día te esté buscando y tú ya no estés.

- Siempre salúdalos y despídete de ellos, que no sean ellos los que tengan que venirte a saludar.
- Nunca los critiques: tendrás muchísimos motivos personales y profesionales para hacerlo, sobre todo si una de sus acciones te perjudica, pero nunca sabes quién será "la mano amiga" que les irá con el chisme magnificando tus comentarios.
- No les discutas enfrente de los demás: aunque pienses que tienes la razón, algo que nunca debes hacer es pegarle en el orgullo a un jefe. Si algo no te pareció o tienes algo que te molesta, mejor sé discreto y trata el asunto en privado y de manera asertiva. Si tu molestia es mera inconformidad o algo que no se pueda cambiar, mejor guarda silencio.
- Pon atención en el trabajo y las juntas (o al menos finge que lo haces): nos da lo mismo reposar en nuestro escritorio o en el de las salas de juntas recargados hacia atrás y con los brazos cruzados, que apoyados hacia el frente con los codos en la mesa, la única diferencia es que la primera comunica desinterés y la segunda atención. Recuerda que los audífonos son enemigos para que te perciban como alguien atento, aunque el peor enemigo siempre será tu teléfono celular.
- Hazte presente con dudas: aunque sepas o puedas buscar la información en otros lados, el acercárteles con consultas interesantes da la impresión de que te importa aprender. Los jefes tienen mucho más presente a las personas que tienen mayor interacción con ellos, por lo que se configuran una imagen de que somos más atentos y participativos que el resto. Pídeles también recomendaciones sobre lecturas que puedan ayudarte a ser mejor profesionista. Ahora, nunca te

les acerques con dudas que puedan generar la percepción de que eres incapaz o no sabes hacer tu chamba.

- Dales su espacio: una cosa es hacernos presentes con dudas y otra atosigarlos abordándolos en pasillos u oficinas, dando por hecho que nos pueden atender. Lo ideal es sacar citas formales o informales. Las citas informales son cuando los ves o les llamas a su extensión diciendo: "Tengo que ver un asunto de cinco minutos contigo, ¿a qué hora lo podemos ver?" Sé muy preciso con los tiempos que necesitas, porque luego nada más se les dice: "Podemos ver algo" y terminan siendo asuntos de una hora. Darles su espacio también es no ser oportunistas tratando de estar siempre cerca de ellos en ocasiones donde no nos corresponde, como podría ser una junta interna, una comida de negocios o en los tiempos libres de los viajes profesionales.

- Acepta tus errores: cuando la riegues no lo ocultes ni pongas pretextos; las repercusiones serán menores si rápido aceptas tu responsabilidad, pides disculpas y propones arreglos. Más adelante veremos cómo manejar los apocalipsis de oficina.

- Manos quietas: jamás tengas con tus jefes una conducta táctil que vaya más allá del saludo y de los gestos de cordialidad, cualquier otro tipo de toques físicos o palmoteos tenlos por seguro serán mal recibidos. Así que no los jales del brazo para llamar su atención, no les toques sus pertenencias cuando estés en su oficina, no les agarres la ropa o los sacudas si traen algún pelo o basurita (sólo hazlo saber para que se lo retiren). Tampoco te la pases dándoles abrazos cada vez que los saludas o te despides. Si la confianza llega a darse para tener este tipo de tratos, nuevamente hazlo en privado y nunca frente a los demás.

- Mantente alerta por si te necesita: pocas cosas molestan más a los jefes que querer contactar a alguien de su equipo y no se encuentre en su lugar de trabajo o no responda su extensión. Pon controles para que esto no suceda, como no abandonar tu estación de trabajo o avisar cuando la abandonarás por un tiempo que ya no se considere breve. Para los tiempos breves como idas al baño y similares, procura llevarte siempre tu teléfono celular y de ser posible los de la oficina.

* No te rehúses a sus invitaciones: si tus jefes te invitan a una fiesta personal, si te contemplan para que los acompañes a un evento de *networking* o congresos, o si simplemente te dicen que coman juntos, deberás aceptar. No hacerlo hará que se sientan despreciados y te despreciarán también.

* Procúralos: en tiempos muertos o de espera como pueden ser vuelos, trayectos carreteros o salas de espera, no te pongas a hacer tus cosas o ver tu teléfono celular. Mostrarás desinterés y dejarás ir una gran oportunidad para hacer vínculos personales. Procurarlos es también que, aunque no seas su asistente directo, los apoyes para que no les falte nada y cuides su comodidad y eficiencia.

* Involúcrate: habla en primera persona del plural al referirte a la empresa. Pasa de: "La empresa cumple x años" a "cumplimos x años". El expresarnos de esta forma da sentido de pertenencia por lo que les transmitirás que estás comprometido y con la camiseta puesta.

* Ofrécete a ayudar aunque sean tareas menores: siempre hay imprevistos como un proyector que falla, una mensajería urgente o simplemente dicen: "¿Quién puede venir un momento a trabajar el sábado...?" Cuando se den estos casos, ofrécete y ayuda aunque no sean los jefes quienes lo solicitan. Lo más mediocre es pensar que ese no es tu trabajo o que hasta indignante se te haga hacerle de mensajero, técnico o empleado de limpieza. Cuando das más de ti siempre te verán como

alguien que aporta y genera valor. Y eso es lo que buscan los jefes y dueños, pues ellos serán los primeros en mover una mesa o trabajar en domingo si es necesario para el negocio.

- Participa activamente en eventos y fiestas corporativas: asiste a las convenciones, congresos, integraciones, festejos y comidas de fin de año. Y no sólo asiste, participa y genera la sensación de que te la pasaste bien. Las empresas invierten mucho en este tipo de eventos y cae muy gordo el que está en la fiesta de fin de año todo apático y se va después de comer pues tenía otro evento que consideró mejor. El que cantó, bailó, participó en las dinámicas y agradeció a los jefes por el buen momento, siempre caerá muy bien y se contemplará como alguien que debe permanecer en la empresa.
- Compórtate: durante estas fiestas y eventos corporativos, mantén tu comportamiento alegre pero profesional. No confundas: si la convención fue en la playa o en la fiesta de fin de año se puso un carrito de ginebras, no significa que tienes el permiso de destramparte. En estos eventos no hagas nada para ridiculizar a tus jefes como pedirles que bailen, ni los importunes "neteándoles" o solicitándoles aumentos. Comportarnos también es guardar las formas en la oficina y que nunca nos vean perdiendo el tiempo, durmiendo o se escuchen nuestras risas a todo pulmón junto a nuestros Brodínez. Y por favor, NUNCA le entres al *mobbing* buena onda con tus jefes aunque ellos lo apliquen.
- Da de más y se proactivo: si te pidieron 3 propuestas lleva 5. Si solicitaron algo y piensas que puede tener un plus, dáselo. Para los puestos altos los jefes siempre buscan a alguien que aporta y genera valor a la institución.
- Propón controles en los procesos: los puestos directivos altos tienen como característica funciones de control y efi-

ciencia de procesos, por lo que tienden a establecer normas. Si tú ves que ajustando algunas tuercas el trabajo puede hacerse mejor, proponlo a tus jefes aunque esa acción haga tu trabajo más complejo o evidencie más los errores. Se te verá como alguien que tiene ideas para hacer el trabajo cada vez mejor, por lo que se te verá como jefe y no como un empleado más.

- Que se te vea la camiseta bien puesta: incluye el nombre de tu compañía en tu biografía de redes sociales, usa los artículos promocionales de la empresa o manda a hacer uno como una taza o una funda de celular si es que no tienen. Todo lo que sea sumar y haga que te vean como una persona comprometida, cuenta.

- Consíguele algo de valor a la institución: siempre ten presente el giro del negocio y, aunque no seas de ventas, piensa en algo que pueda generar ingresos. Consigue una cita con un cliente potencial, una nota en algún medio de comunicación o una capacitación gratuita en algo que les dé valor agregado. Siempre piensa en cómo puedes generar valor inclusive fuera de tus horarios laborales. ¿Por qué? ¡Porque eso es lo que hacen los dueños!

- Regálales cosas en las fechas importantes que averiguaste como sus cumpleaños, el día de sus profesiones, Navidad o fin de año, y hasta en los cumpleaños de sus hijos y parejas, llévales un detalle. No un regalo ostentoso que lo puedan tomar como soborno, sino algo pequeño y sobre todo simbólico. El regalo de fin de año es el único que deja de ser detalle y tiene que ser algo más grande, y únicamente es necesario que le des regalo a tu jefe directo. Pero recuerda que tu jefe sabe cuánto ganas y no deseas comunicarle tacañería, pero tampoco que eres despilfarrador. Además, si regalas de más puede interpretarse como que quieres hacerle la barba e incomodarás al jefe pues lo considerará un gasto innecesario. La recomendación es invertirle mínimo 5% y máximo 10% de tu sueldo a este regalo. Regálale algo de acuerdo a las aficiones y temáticas que le interesan y que para eso averiguaste. Escucha mucho durante el año lo que necesita o lo que le gustaría: "Nunca traigo paraguas" o "necesito un portaplumas de escritorio", pueden ser indicios para regalarle un artículo que nunca se te hubiera ocurrido. Si piensas que tu jefe tiene todo, regálale experiencias como manejar el coche deportivo de sus sueños en el autódromo, tomar un curso de panadería o un vale para un spa. También puedes darles consumibles sibarita: en lugar de chocolates o el clásico vino tinto, piensa en un bloque de foie, trufas (hongos), angulas o un vino de postre. También los artículos personalizados como un vale por una camisa hecha a la medida, un portatarjetas de presentación con sus iniciales grabadas o pelotas de golf con su nombre y el logo de la empresa, siempre resaltarán.

- Agradéceles: así como lo hiciste al terminar tu primer día de trabajo, al menos dos veces al año acércateles y dales las gracias por el tiempo, dedicación y por los conocimientos adquiridos.

Finalmente, ten mucho cuidado pues existe una delgada línea entre cuidar nuestra imagen y hacer la barba. No la rebases pues los jefes tienen sensores contra lambiscones y si se les activan será contraproducente. Recuerda cuál era la primera recomendación que hicimos para caerle bien a los jefes, por lo que ten presente que estos consejos ¡no te excluyen de trabajar! Si combinas esto con un buen desempeño profesional, te crearás una excelente imagen como colaborador, serás para ellos indispensable y harán lo posible para que no te les vayas.

Así como los colaboradores platican y se quejan de los jefes y hasta les ponen apodos despectivos, los jefes y dueños platican y se quejan de los colaboradores etiquetándolos también con malos nombres; por lo que si te generaste una mala imagen con alguno de tus "Dioses", ten por seguro que esa mala reputación se propagará entre todos los miembros de la Santísima Trinidad Godín. Pero también lo hacen en positivo, por lo que si haces lo aquí descrito, verás que día con día irán aumentando tus bonos y se te hará más fácil crecer en la organización, pues si no subes de manera directa en tu área, probablemente lo harás de manera diagonal o crecerás en horizontal con nuevas funciones que te traerán más responsabilidades y mejores prestaciones.

Y si bien hay jefes muy desagradables, la gran mayoría han crecido porque hacen bien su trabajo, lo respetan y son buenas personas. Por lo que trata de aprender de ellos y valora mucho cuando alguno te ofrezca su mentoría a través de consejos y explicaciones. Tus jefes probablemente desean siempre lo mejor para ti.

Y como este no es un libro de ventas o de servicio formal al cliente, sobre este tema sólo te voy a dar consejos sobre la habilidad *soft* más agradable que alguien puede tener. Saber conversar.

En el *networking* externo, saber llevar una conversación es todo un arte, pues si no tienes plática la situación puede tornarse incómoda pues se convierte en un silencio de dos personas paradas sin saber qué hacer, donde se intercambian sonrisas condescendientes y se espera el momento de que alguien venga a rescatarnos de la penosa situación. Y al día de hoy, existe un gran enemigo para hacer *networking*: es nuestro teléfono celular. Estamos en eventos donde nos podemos vender o tejer redes de alto valor, y preferimos agachar la cabeza en la seguridad de una pantalla y en el basurero informativo de nuestras redes sociales que poco valor nos otorgarán.

Hablaremos más adelante de nuestro teléfono así como también daremos más consejos de buenas maneras profesionales cuando vamos a visitar clientes, pero antes, aprendamos sobre lo siguiente:

EL ARTE DE CONVERSAR

Existe una gran diferencia entre hablar y ser un buen conversador. El que habla es una persona que acapara la plática y solo se escucha su voz, por lo que hablar es lo que suele hacerse cuando se imparten conferencias o presentaciones profesionales; pero si tú simplemente te dedicas a hablar en un evento de *networking*, serás extremadamente aburrido y te tacharán deególatra y soberbio. Acaparar la plática no es conversar, conversar es como el tenis, únicamente es divertido si la pelota pasa de un lado a otro y los dos jugadores participan.

Tenemos entonces que dejar de hablarle a alguien y empezar a hablar con alguien. Eso es conversar. Y ser buen conversador no es acaparar la atención y hablar todo el tiempo de nosotros y nuestra empresa; el buen conversador es el que halaga a los demás haciéndolos sentir que ellos son el eje de la conversación.

"A la gente le gusta hablar sobre ellos", dice Dale Carnegie en su gran libro *Cómo ganar amigos e influir sobre las personas*. A la gente le gusta sentir que aportó a la plática y que le dejó un valor agregado a quien lo escuchó a través de consejos o recomendaciones. Pero Carnegie dice también que la gente quiere a su vez acabar con una nueva idea o con algo que no supiera antes de la conversación.

Que la conversación sea interesante depende de nosotros y aprenderemos a hacerlo, porque saber conversar beneficiará todas nuestras relaciones interpersonales y las de la oficina no son la excepción, pues pocas cosas gustan más que alguien que sabe conversar y hacer pasar a los demás un rato agradable.

Por lo tanto, sigue las recomendaciones que veremos a continuación y seguro te considerarán un gran conversador, pero antes, quiero que sepas que para nuestra imagen pública es mejor terminar un intento de charla que alargarla y desesperar a la contraparte. Por eso, te dejo unas señales de cuándo tienes que cortar una plática que por aburrida no está prosperando. Pero no te preocupes, al terminar de leer este capítulo y aplicar sus consejos eso nunca te pasará.

Voltaire decía que "el secreto de aburrir a la gente consiste en contarlo todo", por lo que si tú eres un hablador de esos que se sientan a un lado en el avión y no les para la boca durante todo el vuelo, o de los que acaparan la plática durante una cena convirtiéndola en un suplicio... ¡te tienes que dar cuenta que hablar contigo es más aburrido que ver al Hombre invisible haciendo sombras con las manos!

Por lo tanto, veamos las 7 señales que manda tu interlocutor cuando lo estás aburriendo:

1) Constantemente dirige la mirada hacia la puerta: no sabemos si está pensando en un plan de escape más seguro que tirarse por la ventana o si está esperando a que entre alguien a rescatarlo, pero de lo que sí estamos seguros es de que busca una salida ¡ya!

2) Es breve y cortante con sus respuestas, usa muletillas a manera de afirmación y no hace preguntas específicas de tu plática: sí... no... no sé... ajá... mhhh... ¿ah sí?... ¿a poco?... ¿en serio?... Uuuuuy qué interesaaaante.

3) Voltea a ver insistentemente el reloj: cuando está contigo se detiene el tiempo... y no, no es en sentido romántico. ¡Quiere que esto ya se acabe por favor!

4) Si están en un restaurante deja de ordenar: "¿Desean algo más de beber?" "Sí, yo otra igual." "Yo no, muchas gracias." "¿Permítame traerles la de la casa?" "No, de verdad muchas gracias..."

"Es una botella de regal…" "¡QUE NO QUIERO NADA! Gracias."

5) Revisa su teléfono en repetidas ocasiones: no llegó nadie al rescate por la puerta y el reloj parece que sigue detenido, por eso ahora desea fervientemente recibir ese mensaje o llamada con el pretexto para retirarse: "Diosito, mata porfa a un ser querido, ya no quiero seguir sufriendo."

6) Argumenta cansancio o enfermedad: "Me estoy sintiendo medio mal", también el "hoy tuve un día súper pesado, estoy *out*", son frases que le puedes escuchar. Para que no te sientas mal, aquí tu interlocutor no deberá fingir que se siente mal ni te está mintiendo, ¡en realidad lo enfermas!

7) Cambia drásticamente el tema de tu plática: Tú: *te decía entonces que estaba* putteando *en el hoyo 18 y el VP de Merca no dejaba de hacer ruido, o sea, ¿qué haces en esa situación? El golf es un deporte de respeto y ese güey parecía que estaba en las luchas…* Tu contraparte: *mhhh, ¿en serio, qué mal?… por cierto, ¿Ya leíste* La Biblia Godínez, *trae un capítulo sobre cómo saber si estás aburriendo a alguien?*

Pero te decía que esto no te va a pasar, por lo tanto sigue estas recomendaciones y conviértete en un artista de la palabra social:

• El primer punto es saber propiciar la plática. Saluda con afecto e interés: imagina que ya conoces a la otra persona y se caen bien. Usa frases como: "¡Qué gusto saludarte! ¿Cómo estás?", la otra persona hasta dudará si se conocen y tratará de sacarte más información, pues nuestro cerebro interpreta esa frase como: "¡Qué gusto saludarte NUEVAMENTE!, cómo HAS ESTADO."

• Muestra curiosidad por los demás. Puedes usar el famoso "te me haces muy conocido…" y así obligarás a las personas a que empiecen a revelarte información sobre ellos. Tarde o temprano encontrarás algo de qué hablar o algún punto o conocido en común. Ten presente el consejo de la importancia de recordar y repetir el nombre de la gente con la que te interrelacionas.

- Escucha más de lo que hablas. Busca que tus participaciones sean puntuales e intenta jugar más un papel de moderador. Recuerda que debes hacer sentir a los demás como los conversadores principales.
- Al escuchar tienes que poner atención para obtener información que te ayude a orientar la plática. Por ejemplo, si hablando del clima dijo que le llovió horrible hoy por la mañana que salió a correr, ya sabes que practica un deporte y por ahí puedes llevar la conversación.
- Haz preguntas inquisitivas. Una vez que tienes información, úsala para formular preguntas específicas que no se puedan contestar con un "bien" o "sí". Por ejemplo: "Escuché que te gusta correr, yo estaba pensando en hacer una carrera pero me han dicho que es malísimo para las rodillas ¿es cierto? ¿a ti cómo te ha ido?", o: "Mi sueño es hacer un maratón pero la verdad no sé ni cómo empezar, ¿qué me recomiendas?" Si sienten que te están aconsejando, sienten que están aportando a la plática y les inflas el ego. Por lo tanto olvídate de las preguntas aburridas. Una pregunta aburrida sería ¿tienes hijos? La inquisitiva sería: "Escuché que tienes gemelas, ¿cómo es ser mamá de dos?, ¿te das cuenta mucho de las diferencias de personalidad desde bebés?"
- Habla sobre tus retos profesionales y nuevamente pide opiniones y consejos. Usar frases como: "Y esa es la situación por la que estamos pasando con la nueva ley. Está compleja y no sé qué decisión tomar. No sé si ustedes lo estén viviendo así, pero tal vez al ver mi caso desde fuera lo ves diferente, ¿qué opinas?", hará que tu contraparte se convierta en consejero.

- Al conversar recuerda que información es poder. Lee mucho de cultura general y mantente informado sobre los temas del mundo actual. Tan importante es saber sobre el nuevo fichaje estrella en el futbol, como la renuncia de un líder internacional. Una vez, la gran comunicadora mexicana Martha Debayle me dijo: "El que tiene plata platica, el que no la tiene escucha." Y no se refería a riqueza económica, sino a riqueza cultural. Si sabes de todo un poco, podrás meter tu opinión en las conversaciones.

- Respeta las opiniones de los demás y comprende que la tuya no es la más importante y verdadera. Es insoportable platicar con un sabelotodo que piensa que tiene la verdad absoluta y juzga todo. Da siempre tu opinión con respeto, cuidando no hacer sentir mal a la otra persona.

- No interrumpas ni trates de siempre superar la plática. Es muy desagradable estar contando algo y que de repente alguien se entrometa y se robe la conversación sin dejarte acabar. No seas tú quien lo haga. Tampoco trates de rebasar lo que dicen los demás, a este tipo de habladores yo les llamo los "uno más que tú", porque siempre tienen que demostrar que ellos son más, aunque no sea en positivo. Ejemplo: tú: "Es que estuve en el hospital porque me quitaron una piedra del riñón." Tu interlocutor: "Uy, pues a mí me quitaron cinco y creo que ahora tengo más."

- Cuida tu lenguaje corporal. Mantén una sonrisa abierta, entabla contacto visual, no veas tu teléfono y enmarca a tu interlocutor. Enmarcar es que tus hombros y sus hombros estén de frente y no hablar ladeados hombro con hombro. Muestra interés por la conversación haciendo gestos de reflexión, sorpresa o preocupación y repite o parafrasea palabras y conclusiones de lo que estás escuchando. Por ejemplo, te dicen: "Y sin exagerar, esa máquina puede llegar a valer más de 25 millones de dólares", entonces tú puedes repetir con asombro y preocupación: "Veinticinco millones… puffff."

- Evitar hablar sobre estos tres temas: 1) Dinero: es de pésimo gusto hacerlo cuando se hace para presumir o tratar de aparentar que se es mejor. 2) Chismes: una cosa es hablar sobre el chisme del espectáculo y otra es criticar y chismorrear sobre la gente que conoces, sobre tu empresa, la competencia o el gremio. Nunca sabes qué pequeño es el mundo y además quedarás como una persona traicionera. 3) Religión y política: son temas muy íntimos e implican creencias personales. Estos temas sólo deben tratarse cuando hay confianza y no se prestan a discusión.
- Finalmente, trata de intercambiar teléfonos y Redes sociales para alargar la conversación y ser detallistas. Si hablaron sobre un tema en específico y te encuentras un artículo interesante sobre él, se lo haces llegar por WhatsApp o cualquier otra red. Recuerda que el esfuerzo de *networking* lo haces para sacar contactos y después sacar provecho.
- Si te das cuenta, la gente te considerará un gran conversador a pesar de que acabes hablando menos. Tu compañero de charla se sentirá genial pues al fin y al cabo habló de las cosas que más le gustan y sabe, por lo que no dudará en considerarte alguien cercano y ayudarte cuando lo necesites.

Usa todas estas recomendaciones con tus clientes o clientes potenciales. Recuerda que te estás vendiendo.

Por lo tanto, así como cuando empezamos a hablar de *networking* de oficina tomamos la decisión de que le compraríamos un sándwich a nuestro amigo: si hay una posibilidad de ascenso, se debe elegir a un líder de proyecto, hay varios solicitando un aumento, una empresa está pensando en piratearse a alguien de tu compañía, o cualquier otra opción benéfica en la que se deba elegir entre varias opciones... ¿a quién elegirán? ¡Pues al que más conocen y mejor les cae!

Y por andar hablando de sándwiches ya me dio hambre. Pero tenemos que empezar a hablar de las buenas maneras profesionales como son: el manejo de juntas, las citas de negocios, el manejo de la tarjeta de presentación, la etiqueta electrónica y demás temas de interés para hacer bien nuestro trabajo cuando salimos de nuestro espacio. Pero antes, abramos el apetito con una actividad que mezcla el *networking* con las buenas maneras profesionales y puede convertirse en nuestro:

Quinto Pecado Capital Godín

Gula:
comer (y descomer) en la oficina

"No estés con los bebedores de vino ni con los comilones de carne, porque el borracho y el glotón se empobrecerán, y la somnolencia se vestirá de harapos."

(Proverbios 23:20—21)

endito seas Señor, Dios del Universo, por esta torta de tamal fruto del maíz y del trabajo de Doña Elvira, quien puntualmente se presenta a la misma hora en la puerta de la oficina y nos da este pan de vida relleno de masa, para aguantar hasta que don Ulises se presente con la fruta de las doce.

Y del desayuno al lunch, pasamos a esa hora mágica y esperada entre la Siesta del perro y el Mal del puerco a la que le llamamos: "Mi hora de comida." Hora sagrada que tú bien sabes se respeta y nadie te molestará. Hora que se te va como agua del Menú del día de la fonda, restaurante o comedor ejecutivo que visitas religiosamente al menos cuatro días de tu semana.

Y ya sea que salgas a comer o lleves tu comida, debemos saber que nuestra vida gira alrededor de la mesa y la comida. La historia de la humanidad se ha fraguado en torno a mesas, banquetes y cocinas. Las etimologías de familia y hogar están íntimamente ligadas al acto de comer (*famulus—famel—fames*= hambre, los que sacian su hambre juntos, y *focus—fogar*= fuego/hoguera) y las relaciones interpersonales laborales y sentimentales seguro empiezan o concluyen en una comida de negocios o en una cena romántica. Y la oficina no está ajena a este ritual milenario. Alrededor de la mesa Godín sacias el hambre con tu familia de oficina, y te llenas también de risas, deseos y camaraderías con tus compañeros de mesa.

Es por eso que las percepciones que generamos en la mesa son tan importantes, porque hablan mucho de quiénes somos y son determinantes para mantener las relaciones sociales en armonía. "La educación se demuestra en la mesa", lo has escuchado cientos de veces y es verdad; la crianza, enseñanza y doctrina del protocolo al comer se mama en casa, pero debe extenderse y adecuarse a los diferentes ámbitos que nuestro desarrollo personal nos exija. Y en la oficina es importantísimo saber controlar las formas alrededor de la alimentación, pues forman un punto muy importante de nuestra imagen profesional.

Es por esto que vamos a centrarnos en consejos prácticos para dar una excelente percepción en tres situaciones: cuando comemos en la oficina, cuando vamos a comidas de negocios y cuando vamos a donde los jefes van solos después de comer (y desafortunadamente tú no).

COMIDA EN LA OFICINA

¿Conoces el Plato secretarial? Seguro sí pero tal vez desconocías su nombre. Es un plato rectangular de unicel rebosado en frutas, principalmente papaya, piña y plátano, que retacan con una montaña de queso cottage y rematan con una porción generosa de granola, pasas, coco rallado, amaranto, nueces garapiñadas y cascadas de miel de abeja; al que le incrustan más de dos tenedores de plástico y meten en una bolsa transparente para no manchar en su transportación. Muy dietético en la falsa percepción de quien lo disfruta. Y se le conoce como Plato secretarial, porque comúnmente adornan los espacios de trabajo de recepcionistas y asistentes durante todo el día, pues comer tal bomba calórica es un proceso lento y ceremonioso.

Sea cual sea la delicia gourmet de tu lugar de trabajo, sigue estas sencillas recomendaciones para dar mejor imagen que ese criminal, al que le da por calentar atún en el micro de la oficina.

- No utilices tu lugar de trabajo para comer. La regla es sencilla, si requiere de platos y cubiertos, debe comerse en un lugar aislado y destinado para consumir alimentos.
- Los snacks son permitidos, siempre y cuando estos no generen olores, migajas, basura o sean ruidosos al comer. Por lo que vele diciendo adiós a los peperamis, alegrías, pistaches y cualquier cosa que venga en bolsa de celofán.
- En cuanto a los olores, la regla es la misma que con los fumadores, si va a apestar el lugar te tienes que salir.
- Invierte en una buena lonchera. Existen muchas en modelos ejecutivos que parecen maletines, son térmicas y están diseñadas para ordenar sus contenedores y evitar derrames. Por favor no seas el que llega con la bolsa del súper y la tiene que romper pues no puede desanudarla.
- ¿Sabes en qué momento te conviertes en adulto? Cuando los tuppers te pertenecen a ti y no a tu mamá. Invierte por lo tanto en unos buenos contenedores de alimentos. Los más *nice* y duraderos son de acero inoxidable aunque tienen el inconveniente de no poderse meter al micro. Si son los clásicos de plástico, cuídalos y cámbialos con regularidad, pues con el tiempo se les hacen rayaduras y al final hasta tienen tonos permanentes de salsa de tomate o crema de zanahoria. Procura que sus tapas correspondan para que no se estén botando y, por el amor de Dios, no seas tú el que usa el bote de yogurt o crema para transportar su guiso de papa con chorizo.
- No comas directamente de los tuppers, lleva tu propio juego de platos y cubiertos si es que no tienen en la oficina. Venden kits muy prácticos para campamentos que puedes guardar sin provocar olores y lavarlos hasta llegar a casa. Inclusive existen platos con divisiones a los que se les pone una tapa y hacen la función del tupper.

- Respeta los espacios y alimentos de los demás. Es común que destinen zonas específicas del refrigerador por áreas y personas, y sobra decir que no seas tú ese ladrón de alimentos y hasta tuppers que tantos corajes nos hace pasar. "¡Quién se comió mi gelatina!"
- Lleva tu propia comida y no andes mendigando con el clásico: "¿Te lo vas a acabar?" También recuerda que ya no estás en la primaria como para andar intercambiando lunchs: "Te cambio tu sopa de coditos por mi salpicón."
- Cuando pidas comida de fuera, tú eres el responsable de recibirla. No creas que el personal de vigilancia e intendencia está ahí para satisfacer tus necesidades culinarias.
- Un buen detalle que te dará puntos, es de vez en cuando llevar algo delicioso para compartir con la comunidad, lo más común son las donas y los postres en general.
- Durante la comida trata de convivir con varias personas alternándote diariamente y no departiendo solo con tu grupito de amigos, recuerda que este es el mejor momento para crear lazos de amistad y hacer *networking* de oficina.
- Debes ser ultra higiénico y limpiar todo lo que ensucies, así como extremadamente cuidadoso con los electrodomésticos compartidos. Aunque pienses que no lo ensuciaste, limpia el microondas después de usarlo, un buen tip es ponerse de acuerdo para dejar toallitas desinfectantes a un lado o solicitar en la oficina que las pongan. Sé higiénico también con tus hábitos, ¿has visto cuánta gente va directo del cubículo al comedor y del comedor al cubículo sin pasar al baño? ¿Qué no se lavan las manos antes de comer o los dientes al terminar?
- Cuida mucho no mancharte y, como vimos en el pecado de la vanidad, siempre ten un detergente en pluma. Ahora bien, no hay detergente de emergencia que pueda salvarte de una mancha de mole, por lo que trata de tener una prenda bási-

ca limpia en la oficina como camisa, blusa y corbata, o ya de pérdida un suéter para tapar el desperfecto.

- Si eres tomador de café, invierte en un buen termo o ten tu propia taza que sume al estatus que deseas aparentar. El vaso de unicel del Oxxo no se ve muy directivo que digamos.

Por último, recuerda siempre los modales a la hora de la comida. Nuevamente, la buena educación se demuestra en la mesa, y este libro no puede desviarse a que te enseñe a agarrar los cubiertos o a explicarte que lo más desagradable que puedes hacer en una mesa es comer con la boca abierta, sorber la sopa o succionar para quitarte la comida entre los dientes (para eso escribí el libro *Imagen Cool*). Pero hay detalles que son muy finos de hacer y quiero puntualizar, como esperar a que todos tengan su comida para empezar; halagar el buen aspecto de la comida del otro, o remplazar con un "que coman rico" el godinisisísimo "provechito".

Ten muy presente que al estar en un espacio social te están viendo personas de toda la organización que en algún futuro pueden darte un ascenso. Si ven a alguien que trae una súper lonchera, come educadamente y hasta fama se hizo porque lleva su propia servilleta de tela; seguramente entrará en su *top of mind* al momento de promover.

Y después de haber echado el chal a gusto durante una hora, llega el momento más temido en la oficina y el que más flojera nos produce. Inclusive, este momento es más temido y de mayor flojera que los malditos lunes, pues afortunadamente estos llegan sólo una vez a la semana, pero este fantasma se aparece todos los días a la misma hora con su sopor hipnotizante que nubla la razón y nos hace recordar que todavía nos faltan otras eternas horas para disfrutar de nuestra camita. Por supuesto, estamos hablando de la enfermedad Godín por excelencia... ¡El Maaaaal del pueeeeerco!

Pero para todo esto... ¿Qué es el Mal del puerco?

Aunque científicamente yo lo hubiera bautizado como *Porcus Malum*, médicamente es un fenómeno producto de la mezcla entre el Sueño postprandial y la Marea alcalina, que se manifiesta como un cansancio extremo y mucha somnolencia después de comer.

Y aunque pensemos que sufrir Mal del puerco es normal... ¡No lo es! Pues en el mejor de los casos, es el resultado de haber consumido en exceso alimentos con alto contenido calórico, pero en el peor, puede ser un indicio de diabetes, anemia, alergias o intolerancias. Pero en ambos casos debemos preocuparnos porque algo está mal.

El Sueño postprandial, según el doctor Denis Burdakov, es el fenómeno provocado por los altos niveles de glucosa en la sangre que desactivan las neuronas orexina, células del cerebro responsables de mantenernos despiertos y alertas, trayendo como consecuencia cansancio, poca concentración y hasta confusión.

Por su parte, la Marea alcalina es una revolcada de ácido clorhídrico y excesiva producción de ácidos gástricos, que baja la concentración de bicarbonato de sodio para neutralizarlos. ¿Entendiste algo? Yo tampoco, pero el chiste es que pones la maquinaria a trabajar a full y eso te provoca sueño.

¿Y qué hago para evitarlo?

Pues es muy fácil... ¡Deja de comer como marrano!

Si por la mañana te zampaste una torta de chilaquiles, te echaste unas galletas a media mañana, ordenaste al comer pasta de primer plato y chicharrón prensado con arroz de segundo, te lo empujaste todo con medio kilo de tortillas y cerraste con unos chongos zamoranos bañados con cajeta... ¡pues es lógico que te va a agarrar *le Mal du Porc*!

Por lo tanto:

- Lleva una dieta balanceada y evita alimentos altos en carbohidratos simples, azúcares y grasas malas. ¿Cuándo has visto que el que come pescado a la plancha con verduras se ande quedando dormido?

- Mastica bien y lentamente la comida. Esto hará que sientas saciedad y no comas de más, ya que el comer rápido y en exceso aumenta las posibilidades de que el puerco llegue con el bote de formol.
- Come cinco veces al día para que así tu organismo esté trabajando constantemente y no tengas que echar a andar la maquinaria a todo carbón.
- Evita los postres, el alcohol y las bebidas azucaradas en horarios de oficina. Que estos sean tu recompensa de fin de semana donde puedes echarte siestas interminables a cinturón aflojado si así lo deseas.
- Mantente hidratado y toma al menos cinco vasos de agua al día, pero si son ocho, mejor.
- Si tomas café, recurre después de comer a tu aliada la cafeína, pero no utilices endulzantes que eleven los niveles de glucosa. Un shot de espresso sin azúcar es la solución.
- Después de comer mantente ocupado, da una breve caminata y procura ambientes iluminados, frescos y ventilados.

Si a pesar de estas recomendaciones sigues siendo atacado por el chancho, será necesario consultar al médico para descartar diabetes u otras enfermedades. Y hablando de médicos, invito seriamente a toda la comunidad científica a que tomen en cuenta mi propuesta de rebautizar a esta condición como *Porcus Malum*.

Fuera de broma, andar luchando por no quedarse dormido frente al monitor o en una junta no es divertido. El que se queda dormido en el trabajo será percibido como poco saludable, nada activo y dinámico, por lo que generará desconfianza en los jefes. Por lo tanto, si bien a veces las prisas o las delicias del changarro de la esquina nos tientan a alimentarnos mal, el Mal del puerco debe ser la excepción y no tu estado natural a las cuatro de la tarde.

Y toca el turno donde por los pasillos se ve a El Yorch caminando sospechosamente con el periódico bajo el brazo, o donde La Nayeli se pasea con cepillo de dientes en mano mientras la aborda el lic Escamilla, quien con pudor pero sin vergüenza, le pregunta que si de casualidá no trae *pepto* pues algo le cayó mal, y cual Rey Godín, lleva todo el día sentado en el trono.

Dicen que la educación se demuestra en la mesa, pero en realidad la fineza de un individuo se demuestra en el destino a donde va después de comer...

USO DEL BAÑO EN LA OFICINA

El baño Godín. Lugar que tiene una alta rotación de usuarios y del que poco a poco se han establecido sus reglas no escritas de horarios de visita, protocolos pudorosos y usos alternos a sus funciones como sala de juntas para asuntos de extrema confidencialidad. Y aunque seas de esos que sufren de estreñimiento de oficina o de los que prefieren cruzarse al Sanborns para ahorrase la vergüenza de aromatizar las instalaciones; de todas formas en algún momento tendrás que pasar a "cambiar aguas", por lo que mejor sigue estas seis sencillas reglas para el uso del baño en la oficina:

1) Discreción ante todo: no anuncies a los cuatro vientos (y mucho menos a los del sur) que vas al baño, pues no es del interés de nadie qué y lo que vas a hacer. Por lo tanto, úsalo con brevedad y lo más anónimo posible. ¡Ojo! Pasearte con papel de baño y revistas bajo el brazo después de comer también es un indicio de a dónde vas.

2) Invierte en una cosmetiquera: no hay escena más mediocre en el ambiente Godín que el que saca de su cajón cepillo y pasta y se pasea con ellos por los pasillos. Por lo tanto, ten un neceser con todos tus artículos de higiene.

3) Prudencia y respeto a la intimidad de los demás: no te asomes a reconocer zapatos, no te rías de los ruidos corporales, no te quedes chismeando o hablando por teléfono dentro del baño y tampoco eches miradas indiscretas entre mingitorios o a través del espejo.

4) No abuses: y no me refiero únicamente a no perder el tiempo o a usarlo como lugar de esparcimiento, chisme o lectura; sino a que tampoco lo uses como una extensión de tu casa para arreglarte. Por lo tanto, una cosa es retocarte el maquillaje o sonarte, y otra muy diferente llevar hasta la secadora de pelo o rasurarte.

5) Confidencialidad: el baño se ha convertido en el lugar ideal para echar el chal más candente y confidencial, pero ten mucho cuidado ya que nunca sabes quién puede estar escuchando desde el trono de porcelana.

6) Higiene: si eres de los puercos que no se lavan las manos, ¡hazlo mínimo por percepción! Recuerda que los demás están viendo. Limpia las manchas de pasta de dientes del lavabo y seca las salpicaduras de agua alrededor del mismo o del espejo. Si colocas papel en la tapa del excusado, asegúrate de que este se vaya por completo al jalar. Y como dudo mucho de que trabajes en un lugar con letrinas, recuerda que por obligación ¡el papel de baño SIEMPRE se tira al excusado! Finalmente, sécate bien las manos antes de agarrar la perilla de la puerta y recuerda que en el baño nunca se saluda de mano.

Ahora que estamos nuevamente ligeritos, regresemos a comer.

COMIDAS DE NEGOCIOS

Comer es un placer y a veces ese placer se mezcla con los negocios. En muchos puestos laborales, dentro de sus funciones está el agasajar y ser agasajado por clientes, prospectos y proveedores en comidas de trabajo. Generalmente son las áreas comerciales quienes disfrutan de este beneficio, mismo que lleva un doble compromiso de cuidado de la imagen pública, porque no solamente nuestra reputación y la de la compañía está en juego, sino que de acuerdo a cómo se den los acontecimientos, puede sonar o no la caja registradora del negocio. Por lo tanto, veamos algunas recomendaciones para salir bien librados de estos negocios placenteros:

- Lo primero que se deberá decidir es si la invitación se hará a desayunar o a comer y para ello debemos conocer los pros y contras de cada opción. Se invitará a desayunar cuando el presupuesto del que se disponga sea menor, cuando el tiempo sea acotado y finalmente, cuando se desee conservar la claridad mental, ya que en los desayunos no se toman bebidas alcohólicas y se llegan con actitudes más frescas, dinámicas y enérgicas. Por otro lado, si dispones de tiempo, presupuesto y quieres "calentar" todavía más la relación de negocios, entonces lo recomendable es comer. Otra forma de verlo, para exclusivamente hacer negocios e ir el grano: desayuna, pero para hacer y establecer relaciones públicas y humanas que concluyan en negocios, invita a comer.
- A diferencia de lo que pasa en países como Estados Unidos donde las comidas de negocio se hacen con fines estrictamente profesionales, en México y Latinoamérica se hacen para favorecer el conocimiento interpersonal y como una especie de apapacho para quedar bien con los demás, por

lo que las pláticas deben extenderse a temas más allá de las transacciones comerciales y debe fomentarse el arte de conversar, del que ya hablamos con anterioridad.

- Recuerda que en los negocios no debería haber género, por lo que nunca se debe confundir una comida de negocio con una cita social, así que caballeros, eviten las cortesías que posiblemente tendrían con una mujer que estuvieran galanteando, como acercarle la silla o insistir en pagar la cuenta. Compórtense exactamente igual que si hubiera sido una comida con un hombre y recuerden que no es un evento social. Por su parte, mujeres, deberán tomar las mismas iniciativas que socialmente y por costumbre han sido asignadas a los hombres, como por ejemplo: estar al pendiente del servicio, los insumos y, por supuesto, al final revisar y pagar la cuenta.

- En cuanto a quién paga la cuenta la regla es sencilla: el que invita paga, así que no se peleen por pagar la cuenta y acepta gustoso y agradecido la invitación cuando no te tocaba pagar. No es necesario que digas frases como "qué pena" o "la siguiente yo invito".

- Cuando no fue una comida planeada sino que les agarró en el momento o bien no queda claro quién invitó a quién, lo correcto es que pague la persona que tiene el interés en hacer negocios, por lo que nunca dejes pagar a quien es tu cliente o prospecto por más que insista.

- Ten tu lista de los lugares para invitar a comer y catalógala de acuerdo a presupuestos, imagen a transmitir y qué tanto quieres agasajar a la contraparte. El recurrir a los mismos lugares garantiza que te brinden atención personalizada y den un excelente servicio, además de elegir las mesas que más te gustan y tener arreglos con el restaurante como que no te traigan la cuenta y cobren directamente a la oficina, o hasta que te sirvan bebidas alcohólicas muy ligeras si es que a tu invitado le gusta empinar el codo en exceso.

- Llega antes de la hora acordada pues tú debes recibir a tu invitado. Recuerda que la puntualidad es reflejo del interés, por eso nunca llegues después que él.

- El anfitrión siempre será el último en ordenar y debe aceptar cualquier sugerencia o propuesta de sus invitados. "¿Se te antoja que pidamos al centro unos escargots?", pues aunque no te gusten, debes aceptar con agrado.

- Si al ordenar bebidas tu invitado no pidió alcohol, tú no debes hacerlo; por el contario, si pidió alcohol, no debes dejarlo beber solo. ¿Y si no bebes? Pues entonces recuerda que debes recurrir a los desayunos, pues al no beber con tu invitado, no disfrutará tanto el momento y ese era el objetivo.

- No dudes al ordenar ni te tomes mucho tiempo en decidir qué pedirás, esto generará la percepción de que eres una persona débil en la toma de decisiones.

- Ordena alimentos que sean fáciles de comer y no sean propensos a accidentes de manchas o salpicaduras tanto en tu ropa como en la mesa.

- Ten mucho cuidado al comer y hazlo de manera pausada y con calma, generalmente los accidentes de comida se dan por prisa y poca concentración en lo que estamos haciendo. En caso de un accidente, trata de solucionarlo, ríete de ti y no pongas pretextos. De hecho si te manchaste, hazlo saber a los demás comensales, no lo ocultes, es un accidente que a cualquiera le puede suceder y así no pasarás vergüenzas tratando de disimular la mancha.

- Recuerda que el objetivo de la comida es el de construir una "amistad" por eso no vayas directo a la plática de negocios, debe dejarse para el momento donde se ordenan los postres y cafés, en la sobremesa es donde se plantean los panoramas y se llegan a posibles acuerdos aunque no se formalizan, eso ya se hace después en oficinas.

- Al pedir la cuenta no dudes en revisarla, esto refuerza que eres una persona comprometida con las finanzas y sabes cuidar presupuestos. Quéjate amablemente si algo no corresponde y sé generoso con la propina, pues habla de una buena calidad humana y capacidad de reconocer el esfuerzo.

- Deja correr un día o dos y manda un correo de seguimiento, haciendo saber lo bien que la pasaste en la comida y el placer de haber convivido.

- Aquí también debes recordar que la educación se demuestra en la mesa, por lo que conocer sobre protocolos básicos es una obligación para que no vayas a robarte el pan de quien está a tu derecha o a ponerte la servilleta como babero. Si eres una persona muy remilgosa al comer o que por salud o convicción tiene una dieta especial o muy limitada, será mejor no aceptar invitaciones a comer y tratar los asuntos en la oficina o tomando un café. Finalmente, si tuviste una comida de negocios, evita poner citas por la tarde, pues en las comilonas nos impregnamos de olores que después dejan una estela poco profesional.

Y ya para cerrar este pecado dedicado a las comidas de oficina, resuélvanme por favor el misterio más grande del comensal Godín:

¿Por qué fregados el Godínez nivel supersaiyajin se esconde la corbata entre los botones al comer? ¿Le estorba?... Si es el caso ¿por qué no le estorba en el resto de sus actividades diarias?... ¿Será porque se mancha...? ¿Y qué acaso la camisa es a prueba de manchas? ¿No sería mejor aprender a comer?... En fin, misterios sin resolver. Pero en lo que develamos el misterio, demos por concluido el Pecado Capital Godín de la Gula, que además nos deja nuestro...

Sexto Mandamiento God—in!

No propiciarás los males del puerco

Y así como comer se hace en manada, veamos ahora recomendaciones muy útiles de otras actividades grupales.

BUENAS MANERAS PROFESIONALES

Si bien toda esta Biblia se trata de las buenas maneras profesionales, vamos a entrar a una serie de células del conocimiento muy relacionadas con el día a día de nuestro actuar profesional. Se trata de las actividades más dinámicas y que contemplan siempre la interacción con nuestros públicos internos y externos. Y como son capítulos que tratan de cuidar las formas profesionales, yo también trataré de cuidar las formas en la manera que entrego este conocimiento bajándole dos rayitas a la analogía bíblica y al humor. ¿O no?... ya veremos, pues como lo dije... trataré.

GÉNERO EN LOS NEGOCIOS

Este es el primer tema que quiero abordar pues lo usaremos en muchas de la recomendaciones más adelante, pero además quiero empezar hablando de él porque afortunadamente es un tema en el que cada día se están logrando avances que transforman positivamente a la sociedad, aunque aún falta muchísimo por hacer y entender.

Y como falta mucho por entender, este tema también se presta a muchas confusiones, controversias y posturas radicales; pues en la oficina todo es equidad de género hasta que hay que cambiar un garrafón de agua.

Soy un amante del respeto, la tolerancia y la igualdad en todos los ámbitos de la vida. Pero también soy un convencido de que las capacidades humanas y la buena educación trascienden cualquier etiqueta de género, cualquiera a la que pertenezcas o con la que te identifiques. Existe algo que se llama meritocracia, que es el sistema de gobierno público o corporativo en el que los puestos de responsabilidad se adjudican en función de los méritos personales. Esto quiere decir que la meritocracia busca que los puestos se ocupen con base en única y exclusivamente a los resultados de los que compiten por ellos, dejando a un lado favoritismos o cualquier cuestión de carácter ajeno al mérito.

Y yo soy un fiel defensor de la meritocracia. Por lo que no estoy de acuerdo con las cuotas de "equidad" que se obligan a cubrir por la simple y sencilla razón de pertenecer o identificarte dentro de un género. Sí, entrecomillé la palabra "equidad", porque a mi parecer estas leyes atentan contra el concepto de justicia e igualdad, que es así como se define a la equidad. No hay equidad cuando alguien crece o deja de crecer no por la meritocracia, sino por la "generocracia".

Ahora bien, no te confundas como si estuviera diciendo que eso es ley. Sólo es mi opinión. Como también es mi opinión que las cuotas y la "generocracia" son una dolorosa y necesaria solución para generar oportunidades en donde se puedan demostrar los resultados. Estas cuotas de género abren oportunidades que tal vez no se hubieran dado por las estelas de arcaicas prácticas sociales, así como por los prejuicios existentes heredados por siglos de desigualdad entre géneros.

Dicho esto, aprovecho también el paréntesis para puntualizar que soy un amante del lenguaje y de respetar las reglas gramaticales. Soy tan *freak* en este aspecto, que mi nombre es una palabra esdrújula y aun así no la acentúo, pues el del registro civil me puso Alvaro en actas y así aparezco en todas mis identificaciones y papeles oficiales. Y como la Real Academia dice que en nombres propios se excluyen las reglas gramaticales, pues ni modo, a respetar mi nombre transgresor.

Y si soy respetuoso de las reglas gramaticales, las reglas de la RAE y la mayoría de los lingüistas dictan que al utilizar frases o sintagmas nominales en plural, el masculino genérico es el recurso aceptado para designar a grupos de hombres y mujeres. "Los jefes", "los directivos", "los colaboradores", "los empleados", "los clientes". Por lo que he hecho un esfuerzo enorme en este libro por romper las reglas y utilizar un lenguaje inclusivo más acorde a nuestros tiempos refiriéndome a "las personas" cuando así he podido, usando también la tan cansada e innecesaria doblez gramatical para que los lectores y las lectoras se sientan identificados e identificadas, incluso recurriendo a la horrible y garrafal arroba para así dejar a tod@s content@s. Aunque a pesar del esfuerzo he recurrido la gran mayoría de las veces a lo que dictan las reglas gramaticales, pues deben entender que estilísticamente hubiera sido muy incómoda la lectura si hubiera recurrido en cada frase nominal al abuso de estos recursos (¿o al abuso y la abusa de estos y estas recursos y recursas? ☺).

Por lo tanto, si para esta página del libro en algún momento te ofendiste por mi respetuoso y purista uso del lenguaje, te pido disculpas (literal, no es mi culpa), y si no te ofendiste o ni te habías percatado, bien, vas por buen camino para empezar a luchar por lo que verdaderamente importa, pues de nada sirve luchar en los campos de batalla que abogan por un lenguaje inclusivo, si no se contribuye con nada para solucionar de raíz el problema que se desea combatir.

Entonces, propongo que reine la igualdad, el respeto y la tolerancia en su faceta de equidad de género, pero que prevalezcan los méritos, el cuidado de las formas y la buena educación sin importar las categorizaciones. ¿Quién cambia el garrafón? Pues la respuesta es sencilla: el que tenga las mejores capacidades físicas y la educación y disposición de ayudar a los demás.

Expresadas estas opiniones meramente personales, y que puedes o no compartir, te invito a que sí compartas las siguientes recomendaciones de género en los negocios:

- Manéjate en condiciones de igualdad siempre imaginando que en los negocios no existe el género. Y digo imaginando porque el género seguirá existiendo, pero tienes que ver a todos primero como profesionistas, que da la casualidad que unos son hombres y otros mujeres con sus demás designaciones. Es más, no lo imagines, ¡decrétalo hoy mismo! EN LOS NEGOCIOS NO HAY GÉNERO.
- Si en los negocios no hay género, entonces lo que se debe anteponer en el trato es la jerarquía y los roles. ¿Quién entra primero a un elevador u ocupa el lugar privilegiado en la sala de juntas? Muy fácil, la persona de más alto nivel jerárquico o las visitas. ¿Quién cede el paso o carga el portafolio con los documentos? Igual de sencillo, el anfitrión o el subordinado.
- Si en los negocios no hay género, tampoco puedes tener o esperar gestos propios del ámbito social en el ambiente de trabajo, como por ejemplo: acercar la silla, abrir la puerta del automóvil, ayudar a colocarse el saco o abrigo, tomar del brazo al cruzar la calle, etc. Haz las mismas acciones con todos tus compañeros de trabajo y sin diferencias. Si te vas a poner de pie para saludar a alguien, hazlo con todos por educación y no por una cuestión de género.
- Ahora, una cosa es que en los negocios no haya género, y otro confundirlo con que no haya educación. Las buenas maneras persisten. Si alguien va cargando cosas y no puede abrir una

puerta, lo ayudas porque lo necesita, no porque en un formulario cuando le preguntan por su sexo pone H o M (o I o pone su género u orientación bajo cualquier sigla L, G, B, T...).

- Ya vimos dentro de los apodos que no es correcto dirigirse entre géneros con términos cariñosos como bombón, linda, guapo, princesa, etc. La razón es porque cada vez estamos más convencidos de que en los negocios no hay género.
- Si vas a hacer halagos hacia las características físicas de un compañero de trabajo, que éstos sean siempre en el sentido de agradar y compartir tu opinión y nunca de coquetear. Le puedes decir a alguien que te encanta su traje o que el nuevo peinado le queda bien, independientemente de su género que, por cierto, no sé si ya te había dicho que... ¡EN LOS NEGOCIOS NO HAY GÉNERO!
- La conducta táctil (permisibilidad de tocar y ser tocado) debe ser la misma con todos tus compañeros de trabajo dentro de los límites del respeto. ¿Adivinas por qué? ¡Correcto!

Finalmente y pensándolo bien, creo que he estado cometiendo un error al reiterar que en los negocios no hay género, pues me acaba de caer el veinte de que sí lo hay...

Existe el género humano. Y antes de que digas "qué payaso", busca en el diccionario la palabra género. Te dirá que es el conjunto de seres que tienen uno o varios caracteres comunes, por lo que como seres humanos, podemos concluir que lo que tenemos en común es nuestra existencia y el deseo de respeto de nuestros derechos. Nunca pierdas de vista tu calidad humana y frena de tu mente cualquier prejuicio que puedas tener no sólo sobre el género o preferencia de los demás, sino sobre cualquier condición física o social que pudiera tener otro ser humano con el que compartes vida. Y dije "frena de tu mente los prejuicios", porque es médica y científicamente imposible no hacerlos. Los prejuicios mentales siguen y seguirán existiendo, lo que podemos hacer es reemplazarlos. Esperemos que esto suceda pronto para que así sea más fácil frenarlos y muchos que aún lo hacen dejen de discriminar.

Por lo tanto, deja de ver cosas que no existen en tus compañeros de trabajo y empieza sólo a ver humanos profesionistas.

EL SALUDO Y LAS PRESENTACIONES

Al hablar del saludo y presentaciones en la oficina, no me refiero a que te voy a recomendar las frases de respuesta Godín a la pregunta ¿cómo estás? Que podrían ser: "Aquí, sacando al país adelante..." "Pues ya ves, persiguiendo la papa", o "aquí, haciendo dizque trabajo...". Sino que me refiero a todas las formas protocolarias que tienen que darse en el primer contacto independientemente de si ya nos conocemos o no. Y si no nos conocemos, proceder a las formas correctas de hacer presentaciones. Por lo tanto, empecemos por:

EL SALUDO Y LA DESPEDIDA

Este tipo de cortesía, que puede o no llevar conducta táctil, genera ambientes de cordialidad, eficiencia y seguridad con los distintos públicos. Siempre será utilizado:

- Al llegar y salir de la oficina, junta o cita.
- Al ser presentado con otra persona.
- Cuando alguien ingresa a tu área de trabajo.

Las normas a observar y respetar las detallo a continuación:

- Haz siempre contacto visual con las personas que te saluden y sonríeles, no porque te veas a diario puedes simplemente levantar tu manita mientras sigues en tus asuntos.

- No pierdas el tiempo saludando y despidiéndote de uno a uno con todos los miembros de la organización, salúdalos conforme te los vayas topando y teniendo contacto en la interacción diaria. Al pasar por bloques de oficina que no son el tuyo, puedes recurrir a un saludo general de lejos. Sí saluda personalmente a todos tus compañeros de área que rodeen tu lugar de trabajo y a tus jefes.
- Siempre ponte de pie cuando alguien se te acerque a saludar o para despedirse.
- En citas con públicos externos, el anfitrión debe siempre saludar primero.
- Cuando saludes a alguien por primera vez, escucha bien su nombre mientras lo saludas, para posteriormente repetirlo y presentarte. Ejemplo: "Hola, soy Juan." "Juan, mucho gusto, soy Alvaro."
- Por el grado de confianza y nivel de conocimiento, existen dos tipos de saludos: el social—cortés: cuando saludamos a alguien simplemente por educación, por ejemplo: cuando nos presentan a una persona o llegamos a una junta con desconocidos. Y el de amistad—calidez: cuando ya conocemos a las personas y existe confianza, por lo que además de saludar por educación también lo hacemos por gusto, por ejemplo: cuando vemos a nuestros compañero de oficina o clientes recurrentes.

Por lo tanto, lo correcto en el social—cortés es que entre géneros el saludo sea de mano. Recuerda que en los negocios no hay género. Si las relaciones escalan a los grados de amistad—calidez, se permite que entre hombres y mujeres, y entre mujeres, se saluden de beso. Inclusive si hace mucho que no se ven o se tienen aprecio, es normal que intercambien un breve abrazo. No hay reglas escritas sobre en qué momento se escala una relación, porque puede darse el caso de que llegues a una reunión saludando de mano y te despidas de beso, así como también hay relaciones que siempre se quedan en el frío saludo de mano, y otras pocas empiezan con el abrazo pues había recomendaciones de por medio o un trato recurrente telefónico anterior.

EL SALUDO DE MANO

Mantén limpia la mano y libre de sudor. Extiende ampliamente la mano derecha con el pulgar hacia arriba y el resto de los dedos juntos. Desliza la mano dentro de la del otro hasta que se produzca el contacto completo de la unión de los pulgares. Si ves que se dieron mal la mano (que además se siente desagradable) hazlo saber y repítelo, no dejes a tu contraparte con la desagradable percepción de un mal saludo. Aprieta firmemente sin lastimar, sacudiendo la mano del otro no más de un par de veces.

EL BESO

El beso siempre se da por el lado derecho, de esta forma nunca chocarás cabezas. Debe darse juntando los cachetes y tronando el beso al aire, es un error poner los labios sobre la cara de la otra persona. La única forma de poner los labios es cuando existe una relación de amistad—intimidad con una persona a la que le podrías llegar a darle un beso por gusto en cualquier momento y no sólo cuando la saludas, lo que nunca pasará en el ambiente profesional, pues aunque sean pareja o familia, ya sabes que debes mantenerte con una actitud profesional.

EL ABRAZO

Tienes que saber a quién y cuándo abrazar. Nunca abraces en primeras impresiones a menos que ya se consideren conocidos por trato telefónico o salas virtuales, y no lo hagas con quien no lo sientes o por compromiso. Sí ¡Los abrazos tienen que ser sinceros y sentirse! Por lo que no dudes en abrazar a alguien al saludar si es que anímicamente así lo sientes. Evita los abrazos pélvicos (los que se dan de frente), por lo tanto inclínate hacia delante separando pechos y ladeando caderas.

En las ocasiones en que se imposibilita saludar con conducta táctil, solamente inclina la cabeza ligeramente mientras sonríes más exageradamente y haces el ademán de saludar.

LAS PRESENTACIONES

El protocolo de presentaciones será utilizado cuando seamos anfitriones y alguien nos visite, al estar acompañado y exista desconocimiento entre las partes, y para introducir a personas de la institución ante diversos públicos.

Cualquier presentación representa la oportunidad de causar una buena primera impresión, de ahí la obligación de guardar las siguientes reglas:

- El anfitrión siempre es el encargado de hacer las presentaciones.
- Cuando te estén presentando a alguien, escucha bien el nombre de la persona mientras la saludas, para posteriormente repetirlo después de un "hola" y cerrar con una frase de agrado. Ejemplo: "Alvaro, te presento a Karla." "Hola Karla, mucho gusto en conocerte."
- En caso de olvidar un nombre, simplemente hay que disculparse por ello y volver a preguntarlo. Es normal que en un primer contacto nos pasen estas cosas.
- En el caso de sospecha de que nuestro nombre no está siendo recordado, tener la cortesía de repetirlo metiéndo-

lo discretamente en una parte de la conversación. Ejemplo: "Si me preguntas a mí, Alvaro, qué es lo que espero de este proyecto..."

- Cuando tú presentes, siempre presenta primero a la persona de mayor jerarquía mencionando su cargo y funciones. Si quieres darle mayor formalidad, utiliza el título profesional o los títulos sociales de señor, señora/señorita (en caso de duda sobre usar los profesionales).

¿DE TÚ O DE USTED?

Es común que nos encontremos en la incómoda situación de no saber si a una persona que acabamos de conocer en el ambiente profesional debemos hablarle de tú o dé usted. Si bien cada vez es más común que el trato de tú se dé en primera instancia con todas las personas, en el trabajo es muy recomendable ser prudentes y mantener el respeto ante ciertas personas en el primer contacto.

Muchas de estas personas al momento que les empieces a hablar de usted inmediatamente te pedirán que los tutées, por lo que debes tomarles la palabra, pero es muy importante que ellos tomen la iniciativa, por lo que si no lo solicitan el trato deberá seguir siendo formal. Las personas a las que debes hablarles en primera instancia de usted son:

- A las que percibas como una generación mayor a la tuya. Pregúntate: ¿Podría ser mi papá o mamá? Si la respuesta es afirmativa, elige el usted. Si ya de plano podrían ser hasta tus abuelos, te recomiendo además anteponer el don o doña.
- A los jefes sin importar su edad, quienes comúnmente nos piden a la primera instancia que los tuteemos.
- A los clientes con los que quieras proyectar una imagen de servicio, respeto y subordinación.

- A las autoridades sociales o gubernamentales que regulan nuestras actividades sin importar la edad. Pueden llegar desde los inspectores de protección civil y los bomberos, hasta el auditor fiscal y el Secretario de Hacienda (¡no sé cuál de estas dos opciones te da menos miedo que venga!).
- A los trabajadores de atención al cliente y operarios de bajo rango jerárquico como meseros, recepcionistas, elevadoristas, recamaristas y personal de intendencia. Es un diferenciador de respeto por la gran labor que hacen y porque generalmente ellos te tratarán también de usted.

Muchas veces por estrategia, el iniciar con tuteo abre los canales de comunicación y genera un trato más relajado y cercano, pero si dudas, mejor habla de usted. Más vale quedar como apretados que como irrespetuosos.

JUNTAS INTERNAS Y CITAS DE NEGOCIOS

No hay nada que más le retuerza las tripas a un Godín productivo que las juntas y citas que pudieron ser un mail. Si bien en muchas empresas se sufre de "juntitis", la gran mayoría de las veces las juntas no son solamente necesarias, sino fundamentales, además de ser ocasiones ideales para generar una buena reputación y hacer *networking* de oficina, por lo tanto, cuidemos los siguientes puntos:

JUNTAS INTERNAS

- Siempre hay que tenerlas planeadas y hacerlas en el mejor lugar posible para la logística de la reunión. Que nunca te pase que llegues a una junta a la que convocaste y la sala esté ocupada o sucia, es tu responsabilidad supervisar que todo esté listo con anticipación.

- Si la junta será larga, se debe contemplar el servicio de café y refrigerios para evitar salidas.
- Entrega previamente por mail una copia de la agenda a todos los participantes donde se estipulen tiempos y temas a tratar. Al convocar a una junta debes poner horario de inicio y término, y preparar a la gente para que puedan planear sus participaciones.
- El líder de la reunión, al empezar la sesión, debe hacer las funciones de presentación formal con nombres y cargos de las personas que participen en la junta en caso de desconocerlos, independientemente de que ya se hayan presentado entre ellas las personas al llegar. También debe abrir con una pequeña introducción de objetivos y moderar la reunión.
- Se deben respetar las posiciones jerárquicas en una mesa de juntas en el siguiente orden:
- En organización tipo inglés (posición de poder en cabecera) lo correcto es:

1) Cabecera
2) A su derecha
3) A su izquierda
4) Enfrente
5) A su derecha
6) A su izquierda

- En el caso de haber otro anfitrión de siguiente grado jerárquico, éste es el que debería ocupar la otra cabecera.

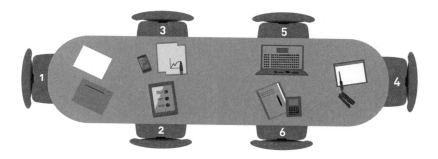

- En organización tipo francés (posición de poder al centro) lo correcto es:

  1) Al centro
  2) Enfrente
  3) A su derecha
  4) A su izquierda
  5) A la derecha del 2
  6) A la izquierda del 2

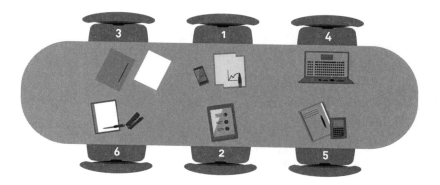

- En organización de cabecera única en mesa redonda, imperial o en herradura:

  1) Cabecera única con vista hacia la entrada
  2) A su derecha

3) A su izquierda
4) Seguir sucesivamente a la derecha y a la izquierda hasta ocupar todos los lugares
5) Dejar el lugar opuesto a la cabecera vacío

Al desconocer el lugar que debes ocupar en una reunión de trabajo, lo correcto es aguardar a que los demás tomen asiento o esperar instrucciones.

En caso de que sea necesario desde el exterior comunicar un asunto a algún participante de la junta, se hará con discreción mediante una tarjeta pues los teléfonos deben estar restringidos.

Como asistente a una junta, sigue las indicaciones que se te indiquen, siempre lleva elementos para hacer notas y cuida mucho tu lenguaje corporal y etiqueta electrónica.

Si por alguna razón tuvieras que abandonar una junta y sabes que lo vas a hacer antes de que comience, menciónalo antes de iniciar, disculpándote por adelantado y haciendo saber la hora en que lo harás. Si tienes que salir por algún contratiempo, interrumpe con pena y discúlpate argumentando razones de peso que puedan considerarse más importantes a esa junta. Las razones de peso pueden ser que te busque una autoridad de mayor nivel, un cliente o que la operación del negocio esté en juego. No abandones juntas por otras razones.

Al terminar la reunión, el responsable de la misma debe hacer una minuta con conclusiones y siguientes pasos para luego compartirla con los participantes vía mail.

CITAS DE NEGOCIOS

Cuando hacemos una visita dentro del desempeño de nuestra actividad profesional, somos portadores de la imagen de toda la institución, por lo que tenemos que tener claras las siguientes recomendaciones que son muy similares a las que seguiste en tu entrevista de trabajo:

- Vístete de acuerdo a los mensajes que deseas transmitir, pero sobre todo, averigua cuáles son las normas de vestimenta de la institución que visitas y cópialas. La única forma de no hacer esto es que con tus mensajes violes la esencia de tu institución. Ejemplo: que tú seas de un despacho de abogados que visite una empresa de social marketing. No porque el director de la otra empresa vista con una playera de Star Wars y jeans rotos, tú serás un abogado fachoso.
- Recuerda llegar cinco minutos antes de la hora acordada y anunciar nuestra presencia con extrema puntualidad.
- Revisa tu aspecto personal antes de presentarte, por lo que una escala al baño es muy recomendable.
- Si te ofrecen algo de beber acéptalo gustosamente, recuerda que generarás una actitud de confianza.

- Ten conocimiento previo sobre la institución, nombre y puesto de la persona que se visita, al igual que sus funciones y asuntos a tratar. Procura halagar sus instalaciones o cualquier cosa a resaltar de la institución, sus productos, servicios o trayectoria.
- Siempre acude con tarjetas de presentación.

TARJETA DE PRESENTACIÓN

Pocas cosas más Godín mediocre, que recibir una tarjeta de presentación y empezar a buscar la propia en el saco o en la bolsa sabiendo que no tenemos, como si fuera a ocurrir el milagro de la multiplicación de las tarjetas.

Pero doblemente Godín es que al no aparecer las tarjetas, se argumente que se nos acabaron y que no nos han entregado las nuevas. Siempre digo que los Godínez medio pelo le hacen pésima fama a los impresores mexicanos, pues pareciera que mandar a hacer tarjetas de presentación es más tardado que la hora real que se tardan en imprimir y entregártelas.

Aunque cada vez vivimos más en una sociedad digital y el intercambio de datos es instantáneo, la tarjeta de presentación sigue siendo un detalle de clase, pues se convierte en un protocolo formal de presentación. Además, la tarjeta es una extensión de la empresa que da presencia de marca y ayuda a recordar nuestros tratos al tener una prueba física presente. Por lo tanto, considera:

- Como son una extensión de las empresas, requieren respeto y dignidad tanto para darlas como para recibirlas.
- No las andes repartiendo como volantes, únicamente entrégalas a las personas con las que tienes contacto y vayan a

tener la necesidad de contactarte. No seas ese Godín que en eventos de *networking* da su tarjeta a la primera de cambios y que hacen que llegues a casa lleno de tarjetas que nunca usarás y se van a la basura.

- En reuniones, las tarjetas no se entregan al saludar, se intercambian una vez tomado asiento y antes de empezar a tratar los temas de negocio.
- El anfitrión es el que debe tomar la iniciativa de dar la tarjeta de presentación.
- Para dar una buena impresión y presencia, ten un portatarjetas en piel, plata o madera con tus iniciales grabadas. Esto además cuidará nuestra tarjeta y la de los demás. No seas el Godín que las guarda en su cartera y que al entregarlas hasta tienen la curvatura de su trasero.
- Entrega la tarjeta de presentación tomándola con dos dedos y mostrándola de frente para que sea legible para la contraparte. Siempre entrégala con un ceremonial de elegancia y sutileza.
- Al recibir una tarjeta se recomienda:
    1. Verla y sonreír al leer el nombre de la empresa; se puede agregar algún comentario positivo respecto al diseño o preguntar dudas como el significado del logo, por qué zona queda su dirección o cuáles son las funciones del cargo que ahí se leen. Esto fomenta la plática de inicio y el *networking*, pues de un tema se puede saltar a otro para conversar.
    2. Colocarla en la mesa o en algún lugar visible apuntando a la persona con la que estamos hablando. De esta forma siempre tenderemos presente con quién estamos hablando y podremos llamarlo por su nombre y cargo cuando así lo necesitemos, ayudando a nuestra memoria.

* Al terminar la reunión, se toma la tarjeta de la contraparte y se guarda en el tarjetero, no hacerlo o dejarla abandonada comunicará desinterés y falta de respeto hacia la otra persona y su empresa.
* Nunca le faltes el respeto a tu tarjeta ni a la de los demás usándolas como blocks de notas o rayándoles datos porque están mal. En caso de que un dato no corresponda, lleva otras tarjetas en blanco del mismo tamaño para ahí compartir cualquier anotación extra. Esas tarjetas en blanco también son un buen detalle entregarlas cuando la otra persona no trae tarjetas y no puede compartirnos sus datos.
* Ten tarjetas de presentación en los lugares de la oficina donde recibas gente, también en tu casa y en el coche. De esta forma nunca tendrás pretexto para que se te olviden.
* En el improbable caso de un día no tener tarjetas y recibir una, no hace falta que te disculpes, simplemente di que en ese momento le mandas por mail tu tarjeta digital, dando una percepción de que eres más tecnológico o *paper less*. Obvio para esto debes tener una tarjeta digital, que es la misma que tu firma de mail.

Y hablando de *paper less*, veamos la razón por la cual se usa cada vez menos papel, situación afortunada para nuestro orden de oficina y sobre todo para el bien del planeta.

ETIQUETA ELECTRÓNICA EJECUTIVA

Pequeña encuesta:

¿Del 1 al marcar 9 antes de llamar desde su casa, qué tantos reflejos Godín tiene usted?

Me acaba de pasar algo similar. Justo antes de escribir esto, me entró una llamada a mi celular, pero por estar concentrado en escribir le contesté a mi mamá: "Gracias por llamar al Colegio de Imagen Pública, le atiende Alvaro", que es así como por protocolo contesto en mi oficina.

En nuestra vida laboral estamos rodeados de gadgets con los cuales trabajar sería imposible: teléfono fijo, móvil, mail, apps y demás herramientas de comunicación que nos tienen en contacto día con día. Hablamos más con nuestros clientes, proveedores, jefes y compañeros, por estas vías que de manera presencial. Es por esto que su correcto uso es fundamental. Veamos cómo hacerle para que estas herramientas siempre sumen y no resten.

EL TELÉFONO FIJO

En casa ya es súper raro que alguien nos marque al fijo. De hecho, ya sabemos que si suena es un vendedor del banco, alguien de la tercera edad o, en México, un extorsionador. Por eso nos hemos acostumbrado cada vez menos a los protocolos telefónicos fijos, pero en las oficinas sigue siendo de las principales vías de comunicación, por lo que sigamos las siguientes recomendaciones para su uso:

- Sonríe y ponte de pie mientras hablas por teléfono. Estas acciones modifican positivamente la actitud y el tono de la voz proyectando dinamismo, entusiasmo y confianza.
- En llamadas externas, identifica primero a la institución a la que perteneces, área a la que se está llamando y posteriormente quién eres. Usa una frase previamente establecida y unificada por todos en la organización; siempre sugiero que la mejor es: "Gracias por llamar a (nombre de la empresa) al área de (mencionar área), le atiende (decir nuestro nombre)."
- En llamadas internas, al contestar menciona el área a la que perteneces seguida de tu nombre, ejemplo: "Mercadotecnia, le atiende Susana." Si el área no es importante sim-

plemente di tu nombre con un tono amable que sustituya al "bueno" u "hola".

- Cuando la persona que llama pregunta por un tercero, siempre contesta primero si se encuentra o no y después pregunta quién le llama, esto evitará dar la impresión de que se le está negando la posibilidad de hablar con esa persona. Para que lo entiendas mejor, si contestas y te dicen: "Hola, ¿se encuentra José Manuel?", debes pasar del: "¿De parte de quién?" al: "Sí, ¿quién lo busca?" o: "No, pero ¿en qué puedo ayudarte?"

- Nunca poner en espera una llamada para recibir otra.

- Para poner llamadas en altavoz, pide autorización a la contraparte. Menciona siempre los nombres de las personas presentes que escucharán la llamada y brinda la oportunidad de que saluden.

- Evita en tus horarios laborales hacer llamadas personales desde los teléfonos fijos de oficina, para esas llamadas usa tu teléfono celular.

- Configura tu buzón de voz con un saludo amable, solicitando que te dejen nombre y datos de contacto e informando que te reportarás, revísalo al menos dos veces al día y no te demores más de 24 horas en devolver una llamada. Si te contesta un buzón de voz, úsalo, pero nunca solicites que te llamen si la otra persona no te conoce o tú eres el del interés en la llamada, en estos casos avisa simplemente que te vuelves a reportar.

- La regla para cuando se corta una llamada es sencilla: siempre tiene que volver a marcar la persona que la realizó inicialmente, así se evita que los dos se estén tratando de marcar al mismo tiempo. Esta regla también aplica para el celular.

LA CONFERENCIA TELEFÓNICA

Las conferencias telefónicas son muy comunes en el ambiente laboral pues ayudan a suplir a las juntas y citas de trabajo cuando hay participantes físicamente apartados, pero son un medio de contacto complejo de atender por lo que requiere de una logística específica para su planeación, realización y seguimiento. Este procedimiento implica la implementación de las siguientes normas de protocolo.

Antes de la conferencia telefónica:
* Notificar la participación, el día y la hora local a cada uno de los participantes. Esto será obligación de quien tenga a su cargo la organización de la conferencia telefónica. Señalar la hora local es importante para evitar errores en los casos de cambio de huso horario.
* Posterior a la notificación y con suficiente antelación, hacer llegar a los concurrentes las instrucciones para la conexión, la lista de las personas confirmadas y la orden del día.

Durante la conferencia telefónica:
* Para el organizador, enlazar a las personas iniciando con las de menor rango y finalizando con las de mayor. También se conecta antes a los internos y se dejan al final a los externos. Antes de iniciar, confirmar la conexión adecuada de todos los participantes.
* El líder de la reunión debe saludar al grupo en conjunto y presentar a todas las personas enlazadas, quienes confirmarán su presencia con un breve saludo. También el líder debe establecer los turnos de participación y dar la palabra para evitar interrupciones y dudas al momento de participación.
* Si eres participante, apégate estrictamente a la orden del día, identifícate cada vez que hables si es que no te cedieron la palabra y mantente pasivo si dudas si llegó tu turno de hablar.

Al final de la conferencia telefónica:
* El líder de la reunión debe resumir lo que se ha tratado y decidido e indicar quien dará seguimiento a cada uno de los acuerdos tomados y siguientes pasos. Finalmente, debe realizar una minuta con las conclusiones y mandarla por mail.
* Si participas en una videoconferencia, debes además cuidar todo lo que se observa de tu físico e imagen ambiental, pues estos aspectos también hablan.

EL CELULAR

Los teléfonos inteligentes son sin duda una bendición para la comunicación profesional, nos dan la seguridad de tener contacto con quien queramos en el momento que queramos, y que también nos encuentren con la misma facilidad. Los *smartphones* han incrementado la productividad en las empresas y nos permiten avisar si vamos retrasados o si se nos olvidó algo; también nos ofrecen miles de apps que nos ayudan a ser más productivos, ayudándonos a tomar notas o sortear el tráfico citadino.

Pero por otro lado, desafortunadamente estos aparatitos también se han convertido en el gran interruptor de los tiempos modernos, así como en uno de los principales símbolos para transmitirle a los demás que no nos interesan o no les estamos prestando atención.

Actualmente, desde el ejecutivo más exitoso hasta el operario más humilde tienen teléfono celular, por lo que ya desde hace décadas dejaron de ser herramientas de alta dirección para convertirse en toda una oficina móvil para cualquier cargo. Sigamos entonces las recomendaciones para su buen uso y respeto hacia los demás:

* Nunca lo pongas sobre mesas en reuniones de ninguna índole, pues mandas mensajes de que hay alguien más

importante que tus interlocutores en ese momento y si te llaman o escriben no dudarás en responder, restándole importancia a los que te acompañan. Únicamente tenlo afuera o sobre mesas cuando necesites estar consultándolo por motivos de la reunión.

* Si usas tu teléfono para llevar notas de una reunión, avísale a los presentes que estás apuntando, pues ellos no saben si estás en eso o revisando tus redes sociales o contestando mensajes de WhatsApp. Así evitarás una mala percepción.

* No des por hecho que las otras personas te pueden contestar y hablar contigo, si dudas de que alguien pueda estar haciendo algo importante y tu llamada tardará más de un minuto, siempre pregúntale por mensajito si puede hablar o está ocupada. Igualmente, si le mandas un mensaje a alguien y no te responde, no le marques, pues no contestar mensajes es signo de que estamos ocupados.

* No permitas que tu teléfono interrumpa una conversación, si estás hablando con alguien y recibes una llamada, no la contestes, harás sentir a la persona con la que estás como si fuera menos importante. Si realmente necesitas tomar esa llamada, discúlpate y hazle saber a tu acompañante que esa llamada es realmente importante y la estabas esperando.

* Si estás con compañía y tienes que recibir una llamada, aíslate y vete a un lugar más privado a atenderla. A su vez, acostúmbrate a hablar lo más bajo posible, es muy molesto estar escuchando la conversación de otros.

* De preferencia tráelo siempre en alerta vibratoria para que nada más tú te enteres de que te llaman o escriben y así no molestar a los demás. Silencia todos los tonos de alertas y notificaciones de mensajes y apps.

* Si usas bolsa, ten tu teléfono siempre en el mismo compartimento interno para que lo encuentres rápido. Es poco

ejecutivo tener que andar escarbando bolsas o volteando su contenido para encontrarlo.

- A menos que seas totalmente manco, no necesitas traer el manos libres todo el tiempo como si fuera un accesorio. El aparato se llama ma—nos li—bres, por lo que se usa cuando tienes las manos ocupadas y no cuando vas caminando por la oficina con las manos en los bolsillos. Es lo más Godín mediocre pensar que se es importante pues se reciben muchas llamadas y por eso hay que traer pegado el *handsfree*, de hecho, mientras más alto creces en la organización, menos llamadas recibes a tu número directo.
- Utiliza los bloqueos de seguridad para tu teléfono y agenda. Actualmente los teléfonos son fuente de información y por lo tanto de confidencialidad.
- Con los SMS o apps de mensajería instantánea como Whats—App sigue los siguientes consejos: usa cortesía básica como hola y gracias. Trata que el mensaje sea corto pero exprese toda la información en un solo envío, no hagas preguntas que hagan que el otro tenga que responderte mucho como: "¿Hola, cómo estás?" Ten mucho cuidado al escoger a la persona que lo mandas, lo hacemos tan rápido que un ligero error de dedo puede mandar el mensaje a la persona que menos se tenía que enterar. Si sabes que alguien no te tiene registrado en agenda, empieza los mensajes presentándote: "Hola, soy María de Apple...", configura también tu nombre completo en tu dispositivo para que les aparezca en la pre visualización quién eres. Responde de recibido a todos tus mensajes aunque sea con pequeño "ok", ya que si no lo haces, quien te lo mandó se quedará con la duda de si lo recibiste o no, además, dejar en visto se considera descortesía. Configura que sea visible tu última conexión y estatus de recibido (las famosas palomitas

azules), tenerlas configuradas para que no se vean dan la percepción de que ocultas algo o te niegas a responder. Los mensajitos son para avisos, preguntas rápidas o detalles, no para mantener conversaciones, si ya se tienen que mandar más de dos mensajes mejor llámense o mándense notas de voz, es más rápido, eficiente y gozas de la entonación vocal. Abre grupos de conversación sólo cuando sea necesario y configúralos con una foto y un tema que haga entender a los agregados de qué se trata. Como administrador de un chat grupal, eres responsable de moderarlo y finalmente cerrarlo al concluir sus funciones. No permitas que se usen los grupos para causas que no fueron creados o que crucen la línea de lo profesional a lo social. Ten configurado que no se lean en pantalla bloqueada los mensajes como pre visualizaciones, no vaya a ser que te entre un mensaje subido de tono de un chat de amigos y alguien de tu ambiente profesional lo pueda leer. Si vamos a hacer negocios por WhatsApp u otra aplicación de mensajería, debemos saber que hay que sacrificar gustos personales, por lo que configura tu avatar con una fotografía donde luzcas profesional o con el logo de tu empresa, evita las fotos sociales que hablen de tus detalles o gustos personales. Tu mensaje de estatus debe comunicar actitud de servicio, por lo que puedes elegir entre el lema institucional o una frase del estilo: "Hola, ¿en qué puedo ayudarte?" Recuerda que es la misma falta de educación tomar una llamada cuando no podemos, que estar con los ojos en el teléfono y clavadísimos en sus teclas, por lo que evita revisarlo y operarlo durante reuniones de trabajo y eventos públicos en que se requiera nuestra atención. Cuida mucho cómo dices las cosas, pues este medio se puede prestar a malas interpretaciones por no tener comunicación no verbal, para eso se inventaron los emojis, pero los mismos no tienen cabida en el ambiente laboral por su connotación infantil. Revisa muy bien tu ortografía y redacción, y si detectas que mandaste un error, hazlo saber escribiendo nuevamente bien acompañado de un *. Y si bien en Internet se ha desarrollado un lenguaje universal lleno de símbolos y abreviaciones como BTW o ASAP, evítalos en el ambiente profesional. Y creo ke no es necesario xplikrte loq comuniks si t xpresas así.

- Si contestas tu teléfono desde un altavoz como puede ser el del automóvil y hay más personas presentes, hazle saber a tu interlocutor que está siendo escuchado para cuidar la confidencialidad y el cuidado de lo mencionado.
- Utiliza como fondo de pantalla el logotipo institucional o las preestablecidas por el dispositivo y elige carcazas y/o fundas en colores lisos y neutros, con motivos institucionales o en materiales como piel y madera.
- Si alguien te enseña una foto u otro elemento desde su teléfono, obsérvalo de lejos y no pretendas tomar su dispositivo. Si la otra persona te lo da, evita la tentación de pasar fotos con tu dedo.
- Por protocolo y por salud mental, trata de usar únicamente tus dispositivos en los mismos horarios de trabajo para así poder descansar.

EL MAIL

Con el uso de las apps de mensajería directa el uso del mail viene en descenso. Sin embargo, mandar un mail es la opción si lo que queremos es darle al mensaje un tono de formalidad, legalidad o si más personas deben estar enteradas. El protocolo correcto de uso del correo electrónico debe incluir las siguientes normas:

- Siempre utiliza el correo institucional para asuntos de trabajo y nunca para cuestiones personales y viceversa. Por lo tanto, nunca utilices el correo electrónico institucional para tus planes y problemas personales, o para enviar chistes o cadenas de mensajes. Además, ¡quién usa ya el mail en estas épocas para eso!
- Los mensajes deben ser cortos y concisos pero amables y corteses. Evita hablar como telegrama o por el contrario echarte un súper rollo. Si quieres escribir una carta, hazla formalmente en Word y mándala como *attachment*. Aprovecho para decirte que siempre que adjuntes un archivo, debes incluir una nota que así lo indique para que no pase desapercibido.
- Identifica clara y eficazmente el contenido del correo en el campo de "Asunto". La gran mayoría de la gente borra los mails que le aparecen como *"no subject"*, pues piensan que fue un error o puede ser un virus.
- Cuida nuevamente muchísimo la ortografía y la redacción.
- Si tu empresa no cuenta con protocolos de uso del mail, pónganse de acuerdo y unifiquen la firma en todas las áreas de la siguiente manera:
  — Atentamente,
  — Nombre y apellido
  — Cargo y área
  — Institución
  — Teléfono
  — Página de internet
  — Lema
  — Notas legales
- Instalen y unifiquen también la firma de correo en los dispositivos móviles. La firma al día de hoy siempre tiene que ser mediante una imagen con diseño corporativo.

- Un mail que no se contesta en un plazo no mayor a 24 horas se da por entendido que no llegó o se ignoró. Si estarás fuera de la oficina, configura un mensaje de repuesta que así lo indique mencionando tu fecha de regreso. Pocas cosas le dan más felicidad y satisfacción a un Godín que programar el famoso: *"Out of office. I'll be returning on... please contact..."*
- Enviar copia del correo solamente a quien deba enterarse. No llenes a los demás de basura digital.
- Al responder un correo electrónico selecciona la opción "responder a todos" únicamente cuando sea necesario, en caso contrario, responde sólo al emisor del correo original.
- Al enviar un correo a varios destinatarios, señalar en el renglón "Para" a quienes deban participar activamente en el asunto. Señalar en el renglón "CC" (con copia), a quienes deban estar enterados sin participar en el asunto y cuando se desee revelar que otros destinatarios fueron notificados. Utiliza la opción "CCO" (con copia oculta) para no revelar que otros destinatarios fueron notificados o para respetar sus direcciones electrónicas.
- NO GRITES AL ESCRIBIR CORREOS ELECTRÓNICOS. El usar únicamente mayúsculas da la sensación de que estás gritando y hace agresivo nuestro mensaje. Mejor recurre a las "negritas" para recalcar información importante.
- Poner fondos, emoticones, tipografías cursivas o en color, y otros elementos innecesarios, le restan seriedad a los mails en los ambientes profesionales.
- Evita enviar información confidencial por esta vía pues la hace vulnerable.

LAS REDES SOCIALES

Las Redes sociodigitales son una extensión de nuestra personalidad y, afortunada o desafortunadamente, al día de hoy a nivel percepción somos lo que aparece en internet sobre nuestra persona. Por lo tanto el registro que dejamos es nuestra nueva huella digital.

Además, las redes son sumamente influyentes en la primera impresión, porque ahora cada vez que tenemos contacto con alguien que nos interesó, lo primero que hacemos es *stalkearlos* en sus redes y poner su nombre en Google para ver qué aparece.

Por lo tanto dejémoslo muy claro. No existe al día de hoy tal cosa como "El Mundo Real" y el "Mundo Virtual". El problema es que pensamos que existe una vida en la que vamos a al trabajo y hacemos muchas otras actividades en un "Mundo Real"; y luego tenemos perfiles en Redes sociales que creemos habitan en otra dimensión o en un "Mundo virtual"; por lo que navegamos por ellas de manera inocente sin saber lo aplastantes que son para la construcción de nuestra imagen pública. ¡Las Redes sociales son el mundo real! ¡Son nuestro mundo! Pues la era digital vino a cambiar la forma en cómo interactuamos con los demás. Por lo tanto, tenemos que entender que si el mundo ya cambió, nosotros tenemos que cambiar también y empezar a integrar a las Redes sociales en la construcción de nuestra reputación digital.

Lo primero que tienes que hacer al pensar en tu reputación en internet, es revisar qué es lo que aparece en Google al teclear nuestro nombre. ¿Qué resultados aparecen primero? ¿En qué fotos apareces? ¿En qué artículos o notas te mencionan? ¿Qué búsquedas hay relacionadas con tu nombre?, etc... Si no aparece nada, ¡mal!; y si aparecen cosas poco profesionales, ¡peor! Lo que tendrían que aparecer primero son las ligas a tus redes sociales profesionales y contenidos que hablen de tu trayectoria y logros. ¿Pero cómo le hago para lograrlo si al día de hoy no aparece nada o aparecen cosas negativas? Muy fácil, creando contenidos y manteniéndolos activos. Si tienes dudas, lo mejor es contratar a un profesional de SEO (optimización de los motores de búsqueda) o SEM (mercadeo en los motores de búsqueda).

Si deseas capacitarte más, en mi libro *Imagen Cool* aparece un decálogo de *"Netiquette"* que es el juego de palabras entre *Net* (Red) y *Etiquette* (la palabra en inglés para definir un tipo de Protocolo), pero te dejo aquí las dos reglas más importantes a nivel ejecutivo:

La primera: ¿Acaso gritarías a todo pulmón en tu oficina lo que opinas de ese jefe que tanto odias o lo que te molesta de tu empresa? ¡Seguramente no! Pues te traería consecuencias negativas. Entonces... ¿Por qué sí lo harías en tus Redes sociales? Por lo tanto, abstente de expresar en tus redes comentarios negativos de tu lugar de trabajo y miembros de la organización.

Y la segunda: ten diferentes Redes sociales para tus diferentes tipos de audiencias. ¡Esta regla vale oro y sin duda es el mejor consejo que puedo darte sobre este tema!

Las personas jugamos diferentes roles en la vida. Por ejemplo, yo no me comporto igual en mi rol de maestro del Colegio de Imagen Pública que en el de mejor amigo asistiendo a una boda. Es lógico, si bien mi esencia no cambia, sí se adecúa a las necesidades de mis audiencias para dejarlas satisfechas y no perjudicar mi imagen. Como tú seguramente tampoco te comportas igual cuando estás en el trabajo que cuando estás con tus mejores amigos en un concierto, o cuando juegas el rol de hijo, hermano, padre, madre, o cualquier papel que pudieras desempeñar. Pero entonces... ¿Qué pasa si nada más tenemos un perfil de Redes sociales en el cual aceptamos a todo mundo con el que interactuamos?... ¡ES MUY FÁCIL ROMPER EL PROTOCOLO! Pues seguramente una foto o comentario que es coherente en un rol, sera totalmente incoherente y mal visto en el otro.

Sigamos ejemplificando: si un jefe acepta que lo sigan en Instagram y sube fotos o historias de una mega fiesta de fin de semana, en donde se le ve echándose *shots* y cantando medio borracho... pues no creo que vaya a generar mucha autoridad entre sus subordinados o clientes. Además, lo primero que harán sus subordinados será bajar la foto, hacer *screen shots* y mandárselas por sus múltiples chats, haciéndole burla al jefe, generando memes y realizando comentarios que irían del "qué ridículo", hasta el "uyyy... se ve que es bien pedote". Y si un cliente lo ve, podría pensar cosas como: "¿Cómo es posible que por un lado me digas que estás retrasado con el proyecto, mientras aquí te veo en plena fiesta?", trayendo como consecuencia que se caiga la autoridad moral. ¡Cuando siendo sinceros no estaba haciendo nada malo! Está en todo su derecho de divertirse como cualquiera. El problema se da en la incoherencia de roles. ¿Lo entendiste?

Entonces, al decirte que tengas diferentes Redes sociales para tus diferentes tipos de audiencias, no te estoy diciendo que seas hipócrita o doble cara, simplemente te digo que no te limites a tener un solo Facebook, Twitter, Instagram o la Red social que se te ocurra... ¡Ten las que consideres necesarias según tus roles! Mi recomendación es que tengas al menos dos tipos de redes: las personales y las profesionales, en las que utilizarás las formas correctas de acuerdo a cada tipo de audiencia. Y trata que las personales no estén con tu nombre real, para que así cuando te googleen, sólo aparezcan las redes profesionales que puedes mantener abiertas, pues se trata de que te conozcan en tu rol más vendible. Las personales, tenlas privadas y sólo acepta a aquellas personas que REALMENTE son tus amigos y personas de confianza, que serían todas aquellas que podrías dejar solas en tu casa y no te importaría que vieran tus fotos o abrieran tus cajones.

Finalmente, recuerda que LinkedIn es la red profesional por excelencia, pero ten cuidado en mantenerte leal a tus funciones y no que parezca que te andas ofreciendo o buscando chamba.

Todas las recomendaciones de este capítulo de Etiqueta electrónica se aplican para tabletas, aunque estas gozan con la confianza de que se están usando para trabajar al sacarlas en una reunión. Saquémosle provecho a nuestros gadgets y que siempre nos hagan subir en productividad y no bajar en imagen pública.

Y hablando de subidas y bajadas, pasemos al protocolo en elevadores y escaleras.

PROTOCOLO EN ELEVADORES Y ESCALERAS

Existen horarios en los que el uso de elevadores en la oficina es más complicado que transbordar en hora pico en la estación Pantitlán del Metro de la Ciudad de México (por cierto, me acabo de acordar de otro reflejo Godín, que es pasar el gafete de la empresa por los torniquetes del metro).

Y donde hay aglomeraciones, si no hay cortesía, hay conflictos y daño a la imagen pública. Por lo tanto, veamos las normas de protocolo en estos espacios públicos que nos obligan a guardar una distancia personal y la asignación de jerarquías correctas. A continuación las recomendaciones:

Para elevadores:
- Cuando vas acompañado o sabes que hay alguien de mayor jerarquía que tú, cédele el paso al entrar y salir del elevador.
- Con los clientes, siempre cédeles el paso a menos que estés de visita en sus oficinas, donde tendrás que aceptar la cortesía de entrar y salir primero.
- Con tus pares, siempre ganarás puntos si les cedes el paso de entrada y salida.
- En el caso de elevador lleno, sale primero la persona más cercana a la puerta. También en estos casos si las personas de atrás quieren salir y aún no es nuestro destino, debe-

mos abandonar momentáneamente el elevador para dar espacio.

* De ser necesario, detener la puerta para que entre o salga la gente. Nunca aprietes el botón de cerrar aunque vayas solo y menos si ves que alguien se acerca, serás percibido como descortés y te recordarán siempre como "el que me cerró el elevador".

* Al abordar elevadores, dirígete hasta el fondo y lo más al extremo posible. Si el elevador va lleno y nos tocó junto a los botones, debemos de fungir como elevadoristas preguntando a qué piso van y oprimiéndolos. Este gesto siempre es bien visto aunque sólo vayan dos personas y quien hace la cortesía suele ser la primera persona que abordó.

* Los elevadores son espacios perfectos para el *networking* de oficina, por lo que saluda y despídete al entrar y salir de un elevador con frases breves de cortesía. Si vas únicamente con otra persona, en lugar del clásico silencio, trata de mantener una charla breve para entablar relaciones con personas de otras áreas.

* Al ir con conocidos y si hay más ocupantes, cuida mucho platicar de información delicada, en caso de duda, guarda silencio.

* Afortunadamente, cada vez los elevadores son más inteligentes y distribuyen su flujo obligándote a elegir el piso antes de ingresar, ahorrándonos las molestias de malabarear para picar botones y evitando filas.

Conforme a las escaleras eléctricas y orgánicas:

* Colócate del lado derecho en escaleras eléctricas si no deseas caminar, dejando libre la zona izquierda para quien quiera ir más rápido. Lo mismo debes hacer si vas acompañado, ocupando escalones seguidos del lado derecho. ¡Nada más molesto que dos personas echando el chal a media escalera cuando traes prisa! Esta recomendación también se aplica a las bandas móviles de aeropuertos.

- No te quedes parado bloqueando la salida de las escaleras en lo que decides si te vas a la derecha o a la izquierda, siempre avanza y ya después buscas tu destino.
- Procura dejar mínimo dos escalones de distancia con los otros usuarios. Escalones seguidos solo se ocupan con personas que van en el mismo grupo. Compartir escalón sólo se hace con personas de confianza, pero como bien lo mencionamos, ¡evítalo!

MANEJO DE PUERTAS

Independientemente de si tu oficina tiene políticas de puertas cerradas o abiertas, el entrar o salir de espacios privados requiere del seguimiento de ciertas normas que permiten el tránsito adecuado de los usuarios y el reconocimiento de jerarquías, por lo tanto ten presente:

- Si una puerta de oficina se encuentra cerrada, aunque la oficina sea de vidrio y puedas ver qué está haciendo su ocupante, debes esperar la indicación para ingresar.
- Si la puerta se encuentra abierta podemos acceder libremente, a menos que se trate de una persona de mayor jerarquía, donde lo correcto será pararnos bajo el marco y golpetear ligeramente la puerta abierta en caso de que no nos haya visto su usuario.
- En puertas de tránsito o filtros de entrada como son los torniquetes, se debe ceder el paso a las personas con mayor jerarquía.
- Debes tener especial cortesía de abrir las puertas y ceder el paso a los públicos externos o a quien lo necesite por circunstancias particulares.

- Ante mismos niveles jerárquicos, usa la regla práctica que indica que abre la puerta quien llega primero y cede el paso.
- Agradece y sonríe siempre que alguien te abra la puerta o ceda el paso.
- Si alguien viene caminando atrás, sostenle la puerta hasta que la reciba con seguridad. Si alguien te está deteniendo la puerta, acelera tu paso.
- En puertas de cristal de doble abatimiento y al coincidir dos usuarios de frente, debe abrir quien llega primero, jalando la puerta y cediendo el paso, para posteriormente pasar.
- En las puertas giratorias, respeta el ritmo del giro y la capacidad de espacio para favorecer la fluidez. No invadas el espacio personal al meterte a un mismo cubículo si es que no hay mucha gente.

IMAGEN AMBIENTAL DE NUESTRO LUGAR DE TRABAJO

Les confieso que hay una persona muy molesta en mi oficina que pone la música a todo volumen... y qué creen... ¡no le voy a bajar!

Pero en su caso, sepan que el buen uso y cuidado de los espacios funcionales en donde desempeñan sus actividades laborales, es fundamental para la buena convivencia y la eficiencia profesional. Un ambiente en armonía hace que la jornada laboral sea más gratificante, por lo tanto hay que tomar en cuenta las siguientes recomendaciones:

- Si tu lugar de trabajo está tapizado de Post—its, más te vale que sea una sorpresa Godín de cumpleaños y no una muestra de tu desorganización. Mantén tu área de trabajo organizada, despejada y limpia, para comunicar eficiencia y confianza.
- Mantén el espacio de trabajo con una apariencia sobria y moderada, congruente con el estilo institucional. Si tu em-

presa tiene políticas de lo que puedes y no puedes hacer con tu lugar de trabajo, respétalas.

- Utiliza siempre el mismo mobiliario y espacios para guardar, ordenar y colocar los artículos y documentos necesarios para el trabajo que desempeñas, de esta manera se tendrán a la mano y bajo control en caso de necesitarlos. La persona que tiene que abrir muchos cajones y buscar entre escombros para entregar algo que se le solicita, siempre será percibida como desorganizada.
- Para comunicar mayor pertenencia, usa en la decoración de tu lugar de trabajo símbolos identificadores de la institución como pueden ser fotografías oficiales o artículos institucionales, ejemplo: tazas, marcos, banderas, identificadores personales, etc. Estos deberán mantenerse en perfecto estado.
- Mantén el espacio laboral sin adecuaciones de distribución, mobiliario u objetos decorativos ajenos a los institucionales. Lo único que puedes integrar es naturaleza. Y ojo, me refiero a plantas, porque una pecera con tarántulas también podría ser naturaleza. Y aunque La Yuyis de ventas piense lo contrario, las bellas rosas de tela con gotitas de rocío de silicón que vienen adentro de una esfera y que venden en las farmacias de la esquina, tampoco son naturaleza.
- No "tunees" tu lugar de trabajo con tu estilo, debes respetar el estilo institucional. Evita también elementos ajenos a la vida profesional como imágenes religiosas o elementos alusivos a equipos deportivos o grupos musicales. Tampoco disfraces tu lugar de trabajo en los meses de fiestas y tradiciones.
- Puedes tener una foto de carácter familiar en un marco sobrio o institucional.
- Evita retacar de dibujitos y artesanías que te hicieron tus hijos o dejar permanentemente las notas de aliento y cariño

de tus Brodínez. Tener una te humaniza, tener varias, resta a tu imagen profesional.

• Cuida el mobiliario y los instrumentos de trabajo y reporta de inmediato, cuando sea necesario, la necesidad de repararlos o reemplazarlos.

• Utiliza en tu computadora el papel tapiz y los protectores de pantalla institucionales. Si no han creado uno, usa el logo de la empresa.

• Como ya lo vimos en La gula, no consumas alimentos complejos en tu lugar de trabajo, sino únicamente snaks y bebidas. Procura siempre la limpieza e higiene de tu espacio de trabajo dentro de las funciones que te corresponden.

• Nunca uses tu lugar de trabajo como tocador para maquillaje, peinados, recorte de uñas y demás prácticas de higiene. Para eso está el baño y sobre todo ¡el de tu casa!

• Tus utensilios de trabajo también hablan, por lo que evita utilizar herramientas de escritorio con motivos poco profesionales o ajenos a la identidad institucional, como pueden ser plumas, libretas, pisapapeles, portaobjetos, etc.

• No escuches música a volúmenes perceptibles por el resto de tus compañeros, pues si bien a ti te puede encantar Arjona, los demás pueden arrojarse por la ventana y será tu culpa. Recuerda no utilizar audífonos, pues son una barrera de comunicación que imposibilita estar atento del entorno y comunican desinterés.

Ahora bien, mientras más avanzamos en este apartado de buenas maneras profesionales puedes pensar que estoy siendo un poco amargado o rígido. La verdad es que estoy jugando a la segura pues no sé en qué nivel del Godinato estés al día de hoy. La buena noticia es que mientras más vas creciendo en la organización, más libertades y lujos vas teniendo, haciendo que sea contigo con quien tengan que cuidar las formas. Por ejemplo, es normal empezar en estaciones de trabajo abiertas y muy visibles, para después pasar progresivamente a otras más privadas como son los páneles, los espacios modulares compartidos tipo caballerizas, los cubículos individuales abiertos, los cubículos compartidos cerrados, cubículos individuales cerrados, oficinas cerradas, acceso a pisos exclusivos, oficinas con baño propio y etc. Y mientras más creces, más podrás escuchar tu música, colgar tus cuadros, llevar tus hobbies al trabajo, comer lo que quieras, decorar con artículos personales no profesionales y hasta estar descalzo si es que eso te acomoda. Pero recuerda, primero necesitas paciencia y constancia para después gozar.

También, cada vez hay más oficinas con libertades en donde ni siquiera tienes un lugar fijo de trabajo. El mejor ejemplo son las llamadas oficinas colaborativas o de *coworking*, que si bien pueden elevar la felicidad del ususario, muchos estudios están comprobando que bajan la productividad y alargan las jornadas laborales por la gran cantidad de pérdida de tiempo pues la gente no siente que está trabajando, puede ser muy bueno humanamente, pero muy malo profesionalmente.

Pasa lo mismo con la oficina en casa, por lo que veamos algunas recomendaciones para el *Home Office*.

HOME OFFICE

Trabajar en casa puede sonar como el plan ideal, pero la realidad es que si a veces te hartas de estar en la oficina y te urge llegar a casa, si estás trabajando desde casa... ¡a dónde te escapas después!

Además, hay una línea muy delgada entre trabajar y holgazanear al hacer *home office*, pues estamos muy cercanos a nuestras distracciones favoritas como la tele o nuestra cama. Por lo tanto, veamos cuatro recomendaciones para hacer placentera y productiva la oficina en casa mientras cuidamos nuestra imagen profesional:

1) Prodúcete físicamente: recuerda la frase: "Vístete de negocios para hacer negocios", que aprendimos al hablar de psicología de la ropa. Si te despiertas y no te bañas, te quedas en pijama, sin peinarte, rasurarte o maquillarte, y no cuidas tu aspecto personal porque finalmente nadie te va ver, nunca adoptarás una actitud de trabajo. Por lo tanto, vístete exactamente igual como si fueras a la oficina.

2) Sigue una rutina de horarios: ten horarios de oficina. El tradicional es de 9:00 a 6:00 con una hora para comer, aunque aquí puedes fijarlo con mayor libertad. Establécelo y respétalo como si alguien te estuviera supervisando y de esta forma evitarás procrastinar. Imagínate que tienes un jefe muy estricto que te regaña si no cumples. Ese jefe eres tú.

3) Destina un espacio específico de trabajo: elige un espacio que no esté anclado a otras funciones del hogar. Si en tu comedor es donde disfrutas tus alimentos, en tu cama donde duermes y en tu sala de tele donde ves Netflix; no los "contamines" con trabajo y viceversa. Terminarás agarrándole rechazo a esos lugares o a la inversa, terminarás tentado a dormir o ver una serie cuando tienes que estar trabajando. Por lo tanto adecúa un lugar específico, compra mobiliario especial, colócate cerca de una ventana para estar ventilado, rodéate de elementos profesionales, ponte una cafetera y monta un espacio que mentalmente sea tu oficina y no tu casa, el cual sólo utilizarás para trabajar. Cuida mucho la imagen ambiental de ese espacio tanto en lo que se ve como en lo que se escucha, ya que seguramente al trabajar desde casa tendrás muchas llamadas y videoconferencias, por lo que perros ladrando, niños jugando y aspiradoras pasando, restan a la imagen profesional.

4) Invierte en buena tecnología: esto es fundamental para trabajar a distancia. Debes tener buen equipo de hardware y buenos softwares para trabajar. Contrata una excelente conexión a Internet y suscríbete a servicios de videoconferencias de alta calidad donde puedas compartir documentos y trabajarlos de manera colaborativa para no tener que recurrir a Skype o Facetime, que si bien son buenos, no son los más ejecutivos. Dentro de tus herramientas, ten una buena diadema de audio y microfonía para tus llamadas y juntas virtuales. Ten también multifuncionales para imprimir y sacar copias. Descarga y apóyate en apps de mensajería física que te ayuden en la logística de trabajo.

Trabajar desde casa ya es el presente, pero adelantémonos en el tiempo y es ahí donde todos los futuristas dicen que trabajaremos.

Y hablando de viajes, entremos a nuestro último tema del capítulo de Buenas maneras profesionales.

VIAJES DE NEGOCIOS

Viajar de negocios siempre lleva algo de placer, ya que rompe la rutina (a menos que tu rutina diaria de trabajo sea viajar) y al conocer gente y lugares te despeja un poco la mente, por lo que sigue estas recomendaciones para dar una buena percepción antes y durante el placentero viaje de negocios.

Antes del viaje:
• La experiencia de un viajero ejecutivo es inversamente proporcional al tamaño de su equipaje, por lo que lleva sólo lo indispensable. Arma un guardarropa básico y versátil que te permita lucir presentable en todos los eventos con el mínimo de prendas. Invierte en prendas con tecnología *non iron*

(de las que no se necesitan planchar) y con recubrimientos que repelen manchas. Si es un viaje de más de dos días, no empaques mucha ropa y recurre a los servicios de lavado de los hoteles o lavanderías locales. Lleva artículos de tocador básicos en tamaño pequeño y recuerda que en cualquier hotel te darán todo lo que necesitas para tu higiene de regadera. Igualmente, cualquier hotel ejecutivo contará con secadora de pelo y plancha, por lo que no debes estar cargando con todo eso. En el canal de YouTube del Colegio de Imagen Pública he subido muchos videos con recomendaciones de prendas y de qué y cómo empacar, consúltalo pues el proceso de empacado es más visual.

- Un gran artículo a empacar es paciencia. Durante estos viajes se pierde mucho el tiempo pues hay esperas, retrasos de vuelo y trayectos largos por carretera o avión. Aprovecha estos tiempos para ser productivo ya sea trabajando o capacitándote con lecturas o cursos a distancia. Invierte por lo tanto en kits de viaje con todo lo que necesitas: audífonos, tabletas, cargadores y *hotspots* de internet; pues no hay pretexto para no trabajar porque "se me acabó la pila" o "no había Internet".
- Invierte en una buena maleta ejecutiva *carry on* (de las que puedes subir a la cabina del avión) con ruedas. Viajar con maletas de gran tamaño para documentar hace que pierdas tiempo pues tienes que llegar antes a los aeropuertos para registrarlas y esperar al llegar para que las descarguen en bandas. También en transportes por carretera las maletas grandes estorban en cajuelas y son más difíciles de guardar y ocultar. Muchas veces tendrás que llevar tu maleta a los lugares de trabajo (sí, así como le hacen tus compañeros foraneos los viernes en la oficina) por lo que procura que no estorben y sobre todo que proyecten una imagen de alto nivel.

- Lleva siempre billetes chicos o monedas para propinas.
- Viaja siempre con ropa adecuada para trabajar y proyectar una buena imagen, ya que muchas veces te reciben en aeropuertos o llegas directo a trabajar.
- Respeta la logística del viaje, avisa a tus contactos de llegadas y salidas, y mantente en todo momento localizable.
- Durante el trayecto:

  Si es por avión:
  — Haz los procesos de documentación en línea y llega con tu pase de abordar y documentos de identificación listos para ingresar directo a las salas de abordar, lleva tus papeles listos y en la mano en los filtros de seguridad, así evitarás retrasos.
  — Ten preparado el proceso de revisión de seguridad, no lleves artículos prohibidos y prepara las cosas que debes sacar de tu maleta o quitarte. La experiencia de un viajero profesional se nota en la eficiencia y rapidez al pasar filtros de seguridad y que no le tengan que estar recordando que se saque monedas o el cinturón, o que su computadora debe ir en una charola aparte. Existen ya cinturones especiales que no suenan y maletas que separan de manera sencilla compartimentos para gadgets.
  — Nadie te va a ganar tu lugar en el avión, por lo que de nada sirve pararte antes y hacer fila para abordar, espera paciente el llamado de tu turno o siempre espera al final, y mejor aprovecha ese tiempo muerto para trabajar.
  — El asiento del avión más ejecutivo es el de pasillo, pues te permite levantarte para agarrar cosas de los compartimentos superiores que te permitirán trabajar y estar

activo, a su vez, ese lugar goza de más espacio para teclear.

— Al aterrizar, de nada sirve pararte como resorte pues no saldrás de inmediato, mejor sigue trabajando hasta que el avión abra las puertas, que es cuando podrás descender. Respeta los turnos de descenso (de adelante hacia atrás) y no te adelantes y obstruyas pasillos.

— Recuerda que si viajas con los jefes es un buen momento para fomentar las relaciones interpersonales. Por cortesía, si tuvieras un mejor asiento que ellos, ofrece la opción de cambio de asiento. Cuando viajes con ellos, evita dormir en el avión y procura trabajar.

— En aviones de tres asientos, a la persona de en medio es a la que le corresponde usar los dos reposabrazos.

— No tomes bebidas alcohólicas en vuelos de negocios.

— Si tienes problemas de apnea, ronquidos o parecidos, evita dormir en el avión.

— No te quites los zapatos en el avión.

Si es por carretera:

— Al viajar en autobús las recomendaciones son muy similares a las del avión en cuanto a la productividad y los tiempos.

— Si es en coche y vas acompañado, al subir y bajar del vehículo lo debe hacer primero la persona de mayor jerarquía, seguida por los acompañantes en orden jerárquico.

— Las posiciones de poder dentro de los vehículos son:

Vehículos con chofer

1.— El asiento atrás del copiloto
2.— El asiento atrás del chofer
3.— En medio del asiento trasero
4.— El asiento del copiloto

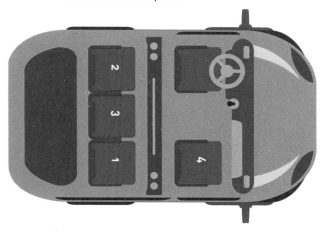

Vehículos sin chofer

1.— El asiento del copiloto
2.— El asiento atrás del copiloto
3.— El asiento atrás del chofer
4.— En medio del asiento trasero

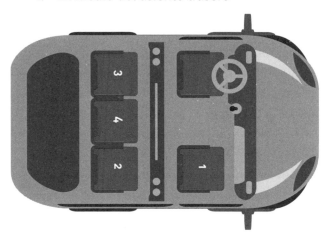

Vehículos en el que maneje una persona con alto grado jerárquico

2.— El asiento del copiloto

3.— El asiento atrás del copiloto

4.— El asiento atrás del chofer

5.— En medio del asiento trasero

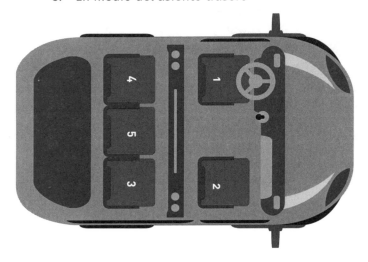

Vehículos con tres filas de asientos: se respetan las posiciones jerárquicas ya descritas y los asientos de la tercera fila los ocuparán las personas de menor jerarquía.

— Respeta el reglamento de tránsito.

— Mantén el coche limpio y en buen estado, pues lo observarán las personas con las que tengas trato.

• Durante la Estancia

— Lo primero que debes hacer al llegar al hotel es desempacar para evitar arrugas en las prendas.

— Debes ser muy puntual, por lo que pregunta por tiempos de traslado y prevé los tiempos de espera de taxis y transportes.

— No te arriesgues a comer cosas que puedan hacerte daño.

— Mantén una actitud dispuesta: es un viaje de trabajo, no de placer. Por lo que si se alargan juntas, no te quejes de que "querías conocer x lugar o hacer cierta actividad turística".

— Haz buen uso de los viáticos.

— No caigas en la tentación de salir de fiesta.

Y como todo viaje siempre tiene un final, la segunda parte de esta Biblia Godínez dedicada al éxodo profesional ya nos trae por esos rumbos. Pero antes, veamos recomendaciones relacionadas a otro final que siempre disfrutamos mucho: el fin de año en la oficina.

Es toda una tradición que al terminar el año las empresas organicen fiestas para conmemorar los logros y convivir dentro del espíritu que sólo el fin de año brinda. Pero estas fiestas, como cualquier otra celebración corporativa, como las convenciones, pueden convertirse en un riesgo a nuestra imagen pública si no nos sabemos comportar. Por lo tanto, disfruta y aprende de este tema, tanto como un buen Godín debe disfrutar de estas celebraciones.

FIESTAS CORPORATIVAS

Los eventos que promueve el lugar donde trabajas y que en sí no representan trabajo, se convierten en el mejor momento para hacer *networking* de oficina, pues son los pocos momentos donde generalmente toda la comunidad está reunida, y donde el ánimo es meramente social y con ganas de disfrutar. Por lo que debemos aprovechar estos instantes para tejer redes de valor que nos vayan a funcionar.

Además, y aunque se debe hacer en todas las épocas del año, se debe aprovechar el ánimo festivo para perdonar y limar asperezas que son comunes en el ambiente laboral. Las fiestas de fin de año son especialmente ideales para esto, pues la época decembrina siempre trae consigo un halo de paz y redención. Pero no solamente deben usarse para hacer las paces, también para fortalecer las relaciones, agradeciendo a los que nos ayudan en nuestro actuar profesional. Por lo tanto, usa estas fiestas para elevar tus bonos siguiendo estas recomendaciones, que sirven para la fiesta de Fin de año como para cualquier otro evento festivo Godín:

* Averigua el código de vestimenta: producirnos físicamente de la manera adecuada es muy importante para pertenecer y no dar la nota. Tan malo es llegar desarreglado a un evento formal como súper producido a un evento casual. Lo que se acostumbra es la llamada vestimenta de coctel o *smart casual*, que consiste en combinaciones sport (saco y pantalón o falda) sin corbata y con camisas o blusas de manga larga, aunque para las mujeres los vestidos de coctel, que son a la altura de la rodilla o ligeramente abajo, son más recomendables. El clásico es el famoso *Little Black Dress*. Úsalo con zapatos de tacón y siempre con producción de estética y maquillaje.
* Para el día en eventos más relajados o para estar durante la Convención, puedes elegir el código de vestimenta casual. Pero no confundas casual con fachas. La ropa casual son prendas cómodas de diario pero sin llegar a los jeans, T—shirts y gorras. Prefiere entonces los pantalones de gabardina, faldas, blusas y camisas (manga corta o larga), polos, sweaters y chamarras, al igual que todo tipo de calzado (siempre y cuando esté cuidado; y si son tenis, deben ser de diseño o *street* y no para hacer deporte).
* La puntualidad en las fiestas corporativas es exacta, no la confundas con la puntualidad de las fiestas sociales en México en donde DESAFORTUNADAMENTE está mal visto llegar a la hora citada pues "llegaste a barrer".
* Cuida mucho la ingesta de alcohol: no hace falta que te ser-

monee mucho del por qué, por lo que prefiero dejarte con los resultados de un estudio de la Universidad de Birmingham, en Inglaterra, sobre los errores más comunes de beber en eventos corporativos:

* Insultar a los jefes: al ser la bebida un potente desinhibidor, las personas se sienten más liberadas y empiezan a hablar mal o a insultar a los jefes, compañeros o a la empresa. Y no solamente es insultar verbalmente, también importunándolos con aumentos de sueldo, estrategias que podrían hacerse y hasta recriminaciones por sucesos que pasaron o por su forma de ser.

* Conquistas amorosas: desde intentar los romances imposibles que se convierten en mero acoso, hasta fomentar las permitidas y prohibidas relaciones que sí se concretan. El alcohol siempre suele aflojar el calzón pero no logra borrar la vergüenza del día siguiente. Las fiestas y convenciones suelen ser punto de nacimiento por excelencia de Hoe—dínez.

* Pelear con compañeros: del insulto se pasa al golpe y del golpe al despido.

* No ir a trabajar al día siguiente: por la resaca, la gente suele no presentarse a los eventos del día siguiente en convenciones, inclusive presentarse a trabajar, lo que genera una imagen de total irresponsabilidad.

* 1 de cada 10 personas en ese estudio admitió que ha hecho algo en fiestas corporativas que dañó su imagen o hasta perdió su empleo. No seas tú parte de ese 10% que da la nota. Por lo tanto, un consejo es tomar por cada bebida un vaso con agua, esto logrará diluir el alcohol y sentir saciedad.

• Un tip muy sofisticado en estos eventos donde hay consumo de bebidas, es tomarlas con la mano izquierda para que al saludar no la tengamos húmeda o fría. Y nunca te dejes retratar con bebida en mano, pues aunque no hayas estado bebido, en la foto se generará esa percepción porque no fuiste ni para soltar el vaso.

• Como lo vimos en el capítulo para ganarnos a los jefes, participa activamente en estos eventos: involúcrate con ánimo en las dinámicas, sesiones de grupo, conferencias, bailes, rifas y demás actividades que planearon para ti.

• Agradece: al terminar el evento agradece a los organizadores y muéstrales lo bien que quedó su trabajo, estos miembros de la organización se esfuerzan mucho para que las cosas salgan bien y les caerás muy bien por el gesto. Agradece también a tus jefes por haberte dado esa experiencia.

• Cuida las fotografías que subes en redes sociales: al día de hoy las propias compañías crean sus hashtags para que compartas las fotos de la convención o la fiesta, pero mucho ojo, no subas fotos en las que aparezcan tú o tus tus compañeros en situaciones comprometedoras que dañen su imagen profesional o la de la empresa.

Las fiestas son para disfrutarlas, por lo tanto, pásatela bien y aprovéchalas. Pero aprovéchalas sobre todo para hacer *networking* y crecer en la oficina, por lo que siempre ten muy presente nuestro...

Séptimo Mandamiento God—in!
Santificarás las fiestas corporativas

Pues ahora sí el peregrinaje ha terminado, hemos cruzado las aguas y nos empapamos de conocimiento relacionado a las salidas de nuestro cubículo para servir a los grandes dioses internos y externos de nuestro trabajo. El éxodo está terminando, pero este andar nos ha dejado con sed de tener más conocimientos. Como también este esfuerzo nos ha dado hambre de tener mayores funciones y mejores ingresos. Además, sin percatarnos, los pecaminosos fantasmas de la vanidad y la envidia nos acompañaron en este andar, llenándonos de sueños y esperanzas de aspirar a ser como el "Dios" más alto con el que tuvimos contacto en este éxodo laboral.

Sueños y esperanzas que no tenemos que aplacar, de hecho tenemos que alimentarlos hasta que se conviertan en un deseo desmedido, pero no te confundas, ese deseo sí lo tenemos que controlar y atemperar, pues si no sufriremos las malas consecuencias del:

Sexto Pecado Capital Godín

Avaricia:
cómo pedir un aumento de sueldo y ganar más

"El que aborrece la avaricia prolongará sus días."
(Proverbios 28:16)

La avaricia es el afán desmedido de poseer y adquirir riquezas. Y en mi opinión, la avaricia aunada a la necesidad, es el motor que nos impulsó a pedir un empleo en primera instancia. ¿O acaso te hubieras interesado en un libro como éste que te promete triunfar en el cielo laboral si no fueras un poquitito avaro?

Ahora, querer tener más a nivel profesional es bueno. ¡Pero te lo tienes que merecer! Pensar en que te mereces más sin dar más no tiene sentido, además, es injusto con la empresa. ¿Por qué te tendrían que pagar más sin ofrecer nada extra a cambio?

Pero no te confundas, una cosa son los aumentos salariales sensatos correspondientes a los índices inflacionarios y al alza de los productos básicos, y otra querer multiplicar tus ingresos por arte de magia pensando que "solamente debo pedir un aumento para tenerlo" y tachando a los empleadores de injustos si no te lo dan.

A lo que tienes que aspirar es a una promoción más que a un aumento salarial. La promoción implica un crecimiento en la importancia de las funciones y las responsabilidades, por lo que hay más paga aunque la carga horaria sea la misma o inclusive haya disminuido. De hecho, mientras más creces en una organización, menos trabajas a nivel operativo y tienes horarios más flexibles, mayores vacaciones y más días de descanso; así como también mejores prestaciones para administrar tu tiempo como puede ser salir antes los viernes, no trabajar los sábados, entrar más tarde a la oficina o trabajar desde tu casa. El reto es que al crecer, así como disminuye el tiempo neto de oficina, aumentan proporcionalmente las preocupaciones, el estrés y la presión de soportar todo y a todos los que tienes a tu cargo; pues el trabajo mental se convierte en un trabajo 24/7.

Por lo tanto, si quieres ganar más dinero tienes de dos sopas: o trabajas más tiempo aumentando tu salario por hora, o aspiras a más responsabilidades para que la pedrada del sapo sea más grande.

El problema es que para la segunda opción se necesita algo que generacionalmente se ha ido perdiendo en el ambiente laboral: constancia y paciencia.

Anímicamente están quedando atrás los tiempos donde las personas entraban muy jóvenes a una organización, primero como pasantes o becarios, para después de un par de años de trabajar aprendiendo y tener un sueldo simbólico, por fin ser contratados, empezando un largo peregrinar de ascenso de décadas hasta el día de su generosa y abundante jubilación como directivos.

Los tiempos han cambiado y hoy, Barbarita, recién graduada de panzazo de una licenciatura poco reputada, a los seis meses de haberle dado la oportunidad de trabajar y empezar a entrenarse se atreve a pedir un aumento de sueldo porque "la neta no le alcanza". Además, tiene un primo de su edad que ya gana el doble que ella, trabajando para una *startup* de desarrollo de apps desde una oficina colaborativa súper cool en la que los dejan sentarse en *puffs* y les dan chelas. Ooooovio Barbs quiere ver si puede faltar tres semanas porque se va a ir a un *road trip* a la India para encontrarse consigo y todavía le recrimina a la empresa que deberían de agradecerle pues sube mil fotos a Instagram mencionando a la marca sin pedir nada a cambio; porque claaaaaro, además La Barbie es influencer, lo que la hace sentirse desaprovechada pues "en esta oficina se hace siempre lo mismo" y "no está generando un impacto"; por lo que posiblemente ya empiece a buscar otra chamba en un ambiente más relax y donde todo fluya más "orgánico", *whatever that means.*

Y el mismo vacío le va a pasar a Barbarita en su siguiente trabajo, pues al mes que se dé cuenta que trabajar echada en un *puff* no es tan cómodo y que no sólo de chelas vive el Godín, se va a hartar y no sabrá a dónde saltar. Y no estoy diciendo que los tiempos de antes sean mejores que los de ahora. Afortunadamente al día de hoy la gran mayoría de las empresas tiene una conciencia de acelerar los procesos de crecimiento y repartir más las riquezas con la gente que les ayuda a que esa riqueza se genere. Lo que estoy diciendo y que nunca va a cambiar, es que para crecer en el ambiente laboral y tener mayores ingresos se necesita de esas dos palabras: constancia y paciencia.

Por lo que si no tienes constancia y paciencia... ¡renuncia!

Pero veamos cómo, si nos lo merecemos, pedir un aumento de sueldo o ascenso laboral en siete sencillos pasos; porque como bien se dice: en el pedir está el dar. Y estos siete pasos irán de la A a la G para que siempre recuerdes que lo que te hace rico no es lo que ganas, sino lo que ahorras. A y G que te recordarán que si Ahorras Ganas. Veamos cómo solicitar el aumento:

A) Solicítalo en miércoles por la mañana: los lunes los jefes todavía no carburan bien y pensarán que inicias la semana planteando un problema. Los viernes y en general todos los días por las tardes, se sienten ya cargados de trabajo y sólo desean irse. Por eso los miércoles por la mañana tendrás 70% más de probabilidades de conseguir un aumento de sueldo, según la compañía de reclutamiento Office Angels, pues es cuando los jefes tienen una mejor disposición en el trabajo y cuando suelen estar de mejor humor. Pide con anticipación una cita con la persona encargada de tomar estas decisiones y no la abordes en los pasillos o entres de imprevisto a su oficina.

B) Muestra tu alegría, satisfacción y orgullo de pertenecer a la empresa, por lo que tienes que abrir tu solicitud con una introducción del tipo: "Antes que nada quiero decir que estoy muy contento trabajando aquí... y además estoy muy satisfecho con los resultados que hemos logrado... y realmente me siento parte de esta organización... blah, blah, blah..."

C) Agradulece (palabra inventada para referirme a la extraña mezcla entre agradecer y adular): "Y por lo tanto quiero aprovechar esta oportunidad para agradecer todo lo que me han dado, pero sobre todo quiero agradecerte a ti por todo el apoyo y aprendizaje en este tiempo que ha sido de lo mejor en mi vida profesional."

D) Haz un vínculo emocional con tus capacidades o necesidades: "Y bueno, el motivo de venir aquí es porque sinceramente me siento limitado, creo que puedo darle mucho más a esta empresa (habla de tus capacidades)... además ha cambiado mi estilo de vida, la etapa personal en la que me encuentro (habla de tus cargas producto de matrimonios, hijos, créditos, etc.) hace que tenga hambre de más ingresos (habla de tus necesidades) y creo que es honesto que te transmita todo esto... (¡Snif!)"

E) Genera dudas sobre tu continuidad: "Y este deseo y hambre de querer más, me están haciendo cuestionarme ¿qué es lo que sigue?, ¿hacia dónde tengo que ir?... (¡ojo, valórame o me puedes perder!)"

F) ¡Muestra tu lealtad!: "Ahora bien, no estoy diciendo que quiera abandonar la compañía, ¡al contrario!, como mencioné soy feliz aquí y estoy enamorado de esta empresa, tampoco mi trabajo sufrirá deterioro alguno si no se puede hacer nada pues lo seguiré haciendo con el mismo compromiso de siempre... sólo quería expresar este sentimiento y los deseos que tengo de crecer." En este punto deja de hablar y da por terminada tu intervención. Seguramente la contraparte te preguntará qué deseas o propones, o dará por entendido que estás solicitando un aumento o ascenso. Si no lo hiciera, cierra con el último paso.

G)Solicita y cierra con una sonrisa: "Lo que quiero es tener mayores responsabilidades y funciones, para que aportándole más a la empresa, pueda recibir más a cambio. O bien, si no hay más funciones disponibles, que se considere un ajuste en mi sueldo... (¡K$híng!")

Créeme que si te lo mereces, siguiendo esta estrategia difícilmente te lo van a negar, y si te lo niegan, es porque realmente la empresa vive una situación que le imposibilita darte más y así te lo dirán, como que carece de recursos, no hay plazas disponibles o funciones extras para darte, o por políticas de la empresa tu sueldo ya está topado; por lo que tienes dos opciones: o seguir con la constancia y la paciencia hasta que se abran esas oportunidades, o empezar a planear tu salida.

Pero antes de entrar al Apocalipsis laboral, hablemos de otras formas en las que se manifiesta la avaricia en el ambiente Godín.

En toda oficina que se jacte de serlo existen personajes que, sin forzosamente pertenecer al área comercial, lo de las las ventas, el trueque y el "bisne" son los suyo. Y esto lo manifiestan con áreas de negocio alternas tan variopintas como: la venta por catálogo, el sistema multinivel, la papelería minorista, la dulcería de cajón, los remedios caseros y aceites esenciales, las llamativas y persuasivas demostraciones de electrodomésticos, las canastas navideñas, la comida diaria *on demand*, la compra y venta de oro y joyería, y por supuesto, la sagrada tanda y la emocionante quiniela. Vaya, hasta el otro día me enteré que en una oficina hay alguien que estudió quiropraxia, y tiene sus ingresos extras cobrando por sesiones de masajes y terapias desde la comodidad de sus cubículos.

Generalmente, estos negocios alternos están operados por individuos con apodos animalescos como "El Pollo" o "La Rata", o bien por señoras a las que ya se les antepone el título reverencial de Doña. "¿Sabes hoy si doña Mary trajo atole, nah?" (ese "nah" final es la onomatopeya del sonido que hacen ciertos individuos al terminar de formular preguntas y que se interpreta como una auto respuesta negativa. Por cierto, estos individuos suelen ser los que le compran atole a doña Mary o joyería a La Rata).

Y no los juzgo en lo personal, cada quien hace su luchita para tener más ingresos... ¡Pero claro que los juzgo en lo profesional! Están utilizando el tiempo de la oficina para lucrar, mismo tiempo que ya se les está pagando, por lo que mínimo tendrían que pasar una comisión sobre venta, pagar renta o amortizar derecho de piso.

Lo que hagas en tus tiempos libres fuera de la oficina o durante los fines de semana es muy tu bronca, pero mientras estés en la oficina, quiero que sepas que a esta práctica de tener negocios alternos, basándome en una argumentación compleja, podría considerársele robar. La argumentación sería la que hice en el párrafo anterior: te pagan por tiempo y ese tiempo no lo estás usando para el negocio por el que fuiste contratado sino para otro.

Como también sería robar el utilizar el tiempo e insumos de la oficina para cosas personales aunque no sea un "bisne"; como por ejemplo, usar la papelería para las tareas escolares de los hijos o al mensajero para que deposite en el banco la lana que le debes a tu compadre.

Y sí, tal vez estoy siendo un poco dramático, pero sea robo o no, el chiste es que 9 de cada 10 empresarios ven con malos ojos que sus empleados tengan estas prácticas durante su horario laboral (por cierto, me encantaría saber qué le ve de positivo ese empresario que según la encuesta no lo ve mal). Por lo tanto, ¡evítalo!

Y ojo, tener un negocio aparte no siempre es ese micro comercio informal de oficina. Existen colaboradores con vena empresarial que invierten en negocios que se operan mientras ellos están godineando y suman a su economía personal. Puede ser un negocio en sociedad con amigos, un negocio familiar que no requiere su total presencia o un proyecto individual con empleados y todo pero que aún no da como para independizarse. Y qué bueno que la gente tenga hambre de crecer y tener más, pero lo que es poco ético, es que se utilice el tiempo de la oficina para operar esos negocios, o lo que es peor, que se utilicen los insumos de la oficina como papelería, telefonía, viáticos, gasolina o mensajería en beneficio del negocio alterno. Porque aquí sí, sin utilizar una argumentación compleja, ¡eso sí es robar!

Y decíamos que en tu tiempo libre y en los fines de semana puedes hacer lo que quieras para ganar dinero extra siempre y cuando no utilices los insumos de la oficina, pero ¿qué crees? No puedes hacer en realidad "lo que quieras", pues aun así sigues teniendo un compromiso laboral vigente por lo que es lógico que no puedes hacer nada que le represente una competencia o pérdida de negocio a la compañía.

Desafortunadamente, esta práctica tan desagradable sucede mucho en las empresas de consultoría, capacitación y operación de servicios. El clásico abogado que da por fuera de manera individual los mismos servicios que el despacho para el que trabaja, el *community manager* que hace estrategia digital y da cursos de manejo de redes idénticos a la empresa de marketing digital que le paga de lunes a viernes, o el transportista que aprovecha el viaje y cobra personalmente el traslado de algo de un lado a otro. Y esto, queridos lectores, definitivamente SÍ ES ROBAR. Peor aún cuando esos servicios se están dando con insumos, materiales o *know how* de la empresa traicionada. Tan graves son los robos, que existen imbéciles que hasta se atreven a robarle el cliente a las compañías diciéndoles: "Mejor contrátame a mí por fuera y te cobro menos." Esto es robar y traicionar.

Pena robar y que te cachen, decía mi abuela. Qué vergüenza si caes en estas prácticas y qué riesgoso para tu reputación profesional, pues la estás sacrificando por utilidades a muy corto plazo.

Y ya que estamos hablando de los amantes de lo ajeno, no quiero desgastarme aleccionando sobre lo mal que estaría robarle a tus compañeros sus pertenencias, inclusive dinero, sé que ya lo sabes y no es necesario gastar tinta en ello. Pero existen algunos tipos de hurtos que tachamos de "inocentes" pero que también dañan tu imagen pública. Y me refiero a tomar prestada una pluma y no regresarla, quedarte con ese USB que tomaste tantito para pasar unos documentos, agarrar el cacho de brownie que se ve delicioso del refractario que está en la cocineta, usar la taza de alguien más porque la tuya se rompió, o tomar la silla del área de al lado pues al fin todas son iguales. Vaya, hasta podría darse el caso de que esta Biblia Godínez se la hayas apañado a alguien de la oficina porque "ahí la tenía".

Y no solamente puedes robarle cosas materiales a tus compañeros, los robos que más duelen por traicioneros son los robos intelectuales. El plagiar algo que no trabajaste o robarle el crédito a alguien para colgártelo como un logro personal, es de lo más bajo que puedes hacer. Por lo tanto, si mencionas una buena idea en una junta y no te pertenece, cita a quien la propuso, o si recibes una felicitación personal por un trabajo en el que también colaboró alguien más, hazlo saber para que le extiendan el reconocimiento.

Y obvio vamos a cerrar este pecado con el robo más común y Godín de todos: el robo hormiga de oficina.

El día que llega la papelería a la oficina es como la Navidad Godínez. Todos se ponen felices y empiezan a recibir sus "regalos" que con ilusión desempacan y reparten entre sus allegados disfrutando su olor a nuevo. ¿Pero por qué cada vez que llega la papelería llegan tantos bolígrafos, engrapadoras, tijeras y demás artículos que no deberían acabarse tan rápido como el papel o los clips? Revisa en tu casa, en tu coche, en tu bolsa o en tu saco y seguramente encontrarás la respuesta. Si no encontraste nada, ¡felicidades! Vas por buen camino.

Lo mismo pasa con hacer mal uso de la tarjeta de crédito corporativa, usar los vales de gasolina del coche empresarial para cargarle gasolina al coche personal, pasar cuentas de restaurantes con amigos como si fueran gastos de representación y demás finuras sobre las cuales ya me están dando nauseas hondear y espero que a ti también. Por lo tanto, antes de que este tema robe por completo nuestros ánimos, te dejo con el...

Octavo Mandamiento God—in!

No robarás (por cierto, este mandamiento fue robado)

TERCERA PARTE

Apocalipsis

(Del lat. tardío apocalypsis,
y éste del gr. ἀποκάλυψις
apokálypsis "revelación").

1. Fin del mundo.
2. Situación catastrófica que
evoca la imagen de destrucción
total.

En el trabajo no todo es miel sobre hojuelas (o miel sobre frutas en su versión Plato secretarial). Estar en una oficina es sacar proyectos adelante, lograr objetivos y encontrar soluciones a las trabas naturales de nuestro actuar profesional; por lo que si le sumamos a todo esto que debemos hacerlo rodeados de otros seres humanos con sus egos, gustos, opiniones y problemáticas, estamos parados en un caldo de cultivo para que broten los conflictos.

Un conflicto es una situación desafortunada y de difícil salida que representa un problema, por lo que se convierte en materia de discusión entre personas que coexisten generando angustia y enojo. Y en el trabajo podemos tener conflictos internos y externos.

Internos serían todos los que pudieras tener con tus compañeros de diferentes rangos, como que se retrase alguien con un proyecto, que se cometa un error que le cueste negocio o reputación a la empresa, que haya fallado la comunicación y por lo tanto la operación, o simplemente que alguien le hable mal a otro o le robe su taza o sus ideas.

Los conflictos externos serían todos aquellos que tenemos con nuestros proveedores y clientes: que se haya dado un servicio con baja calidad, se retrasen los pagos, no se cumplan las fechas de entrega, o que meramente sean errores laborales como hacer una presentación con una falta de ortografía o copiar por error en un mail comprometedor a tu cliente. Inclusive, además de los conflictos internos y externos, los conflictos personales ajenos al entorno laboral también afectan en el trabajo, pues la angustia y el enojo de habernos peleado con la pareja o sufrir un asalto, nos quitan la tranquilidad para laborar en armonía.

Y decíamos que cuando hay conflictos hay enojo, y cuando ese enojo se produce en nuestros jefes o clientes, estamos ante una situación de crisis que se tiene que manejar con rapidez, maestría y pericia. Sobre todo si ese problema se ocasionó por nuestra culpa, por lo que las disculpas (que significa dis= separación y culpa= falta), no son posibles pues no hay justificación válida para culpar a alguien más.

Por lo tanto, veamos qué hacer para manejar estas crisis cuando nos equivocamos en la chamba y así rescatar nuestra reputación laboral. Pero antes, pensemos cómo reaccionar ante el enojo, ya sea si es a ti a quien le salió el diablo, o si ese demonio esté poseyendo a alguien más. Exorcicémonos poniendo atención a nuestro séptimo y último Pecado capital:

Séptimo Pecado Capital Godín

Ira:
manejo del enojo
y las palabras

"El necio da rienda suelta a su ira,
pero el sabio la reprime."
(Proverbios 29:11)

"No salga de vuestra boca ninguna palabra mala,
sino sólo la que sea buena para edificación."
(Efesios 4:29)

La mejor forma de enfrentar los conflictos es evitarlos, pero como ya hablamos que en el ambiente laboral esto es prácticamente imposible pues tarde o temprano surgirán situaciones que provoquen roces, lo que tenemos que hacer es que esos roces no generen chispas que enciendan nuestros ánimos, para que tratemos de actuar y responder con el cerebro racional y no con las tripas.

Los conflictos activan nuestras emociones más primitivas y ponen en alerta a nuestro cerebro emocional (al que "científicamente" me acabo de referir como "tripas"), quien decide y pone actuar a nuestro organismo sin pensar en el qué o por qué está haciendo algo. Entonces ahí es cuando empezamos a levantar la voz, usar malas palabras, recurrir al insulto, llorar, inclusive recurrir a la violencia en todas sus facetas.

Afortunadamente a ese cerebro emocional, que es el mismo de la amígdala que explicamos en el capítulo de la sonrisa, le podemos poner ciertos controles para atemperarlo y así actuar de manera más racional. A todo eso se le conoce como Inteligencia emocional. Y poseerla es una gran virtud en el ambiente profesional y en la vida diaria. Veamos cómo utilizarla a nuestro favor.

INTELIGENCIA EMOCIONAL EN EL TRABAJO

La Inteligencia emocional es una habilidad que se define como la capacidad para percibir, asimilar, comprender y regular, las propias emociones y las de los demás, promoviendo un crecimiento emocional e intelectual. En resumen, es la capacidad para reconocer los sentimientos propios y ajenos para posteriormente guiar nuestra forma de pensar y actuar. Según el libro de Daniel Goleman que lleva este nombre, la Inteligencia emocional es la capacidad de motivarse para lograr una estabilidad emocional plena.

Antes de Goleman, Howard Gardner introdujo el concepto de Inteligencias múltiples, sostiene que existe la "inteligencia interpersonal", que es la capacidad para comprender las intenciones, motivaciones y deseos de otras personas, y la "inteligencia intrapersonal", la capacidad para comprenderse, apreciando los sentimientos, temores y motivaciones propios.

Por lo tanto, entendiendo y parafraseando a Goleman y Gardner, podemos ver que la Inteligencia emocional nos permitirá tomar conciencia de nuestras emociones y comprender los sentimientos de los demás, así como tolerar las presiones y frustraciones que soportamos en el trabajo. Esto acentuará nuestra capacidad de trabajar en equipo, pues al adoptar una actitud empática y social, se brindarán mayores posibilidades de desarrollo personal, pues podremos convivir con todos desde un ambiente armónico y en paz.

Veamos entonces las 10 cosas para ser emocionalmente inteligentes en el trabajo, puntualizando que no existen emociones positivas ni negativas, simplemente existen buenas y malas reacciones personales a ellas, convirtiéndose en acciones benéficas o perjudiciales para nuestra imagen pública.

Por lo tanto:

**1. Aprende a detectar las emociones
y amplía tu vocabulario emocional**
Todos experimentamos emociones, sin embargo, sólo muy pocos pueden identificarlas. Las emociones no identificadas normalmente no son comprendidas, lo que nos lleva a decisiones irracionales y acciones contraproducentes.

Las personas con alta Inteligencia emocional saben manejar sus emociones porque las comprenden y usan un extenso vocabulario de sentimientos para reconocerlas. Diferencian entre sentirse simplemente "mal" y sentirse "irritables", "frustrados", "oprimidos" o "ansiosos". Entre más específico seas eligiendo tu vocabulario, mejor visión obtendrás al reconocer exactamente cómo te estás sintiendo, qué causó ese sentimiento y qué debes hacer al respecto para atemperarlo. Por ejemplo: ante el miedo la protección o la superación. Ante el enojo la huida o la defensa. Ante el afecto la vinculación. Ante la tristeza el retiro y la resignación. Ante la alegría la vivificación y el disfrute. Entonces, si estás en una junta y tu jefe empieza a regañarte frente a todos por un error que no cometiste, eso te va a dar enojo y vergüenza que se transforma en coraje. Y ante el coraje vinculado hacia una persona que tiene poder sobre ti sólo te queda el silencio, la calma y la prudencia; pues si respondes con ataque, que es como responderías contra alguien sobre quien tienes poder, seguro te cuesta la chamba. Por lo tanto, tendrías que dejar pasar el momento, y al día siguiente, cuando ya no estés en estado de enojo y vergüenza, dialogar con tu superior sobre lo vivido.

2. Siente curiosidad por las personas y aprende a leerlas
Las personas inteligentemente emocionales sienten curiosidad por todos los que están a su alrededor. Esta curiosidad es producto de la empatía. Ponte en el lugar del otro para entender

sus problemáticas, pensamientos y emociones. Cree firmemente que adoptando la postura del otro es la manera más sencilla para lograr acuerdos. Al leer a las personas éstas dejan de ser un misterio pues podemos ponernos en su lugar. ¿Qué sentiría yo si hubiera tomado la silla de alguien más y esa persona llegara a levantarme a gritos enfrente de todos? ¿Cuál sería mi reacción? Te vas a dar cuenta que pensando así, la ira se aminora, y llegarías a solicitarla de vuelta de manera amable y con asertividad.

3. Abraza el cambio

Las personas inteligentemente emocionales son flexibles y constantemente se están adaptando. Saben que tener miedo al cambio paraliza el progreso y es una amenaza importante para alcanzar el éxito y la felicidad. Por lo tanto, ten presente que es más probable que las cosas no salgan como las tenías planeadas, por lo que si un cliente te citó al otro lado de la ciudad y casi llegando al destino te marca para cancelar, sólo piensa "mi día ha cambiado", de nada sirve decirle al cliente que te hizo perder el tiempo. El cliente manda y si lo haces sentir mal podrás perder el negocio.

4. Conoce tus fortalezas y debilidades

Las personas inteligentemente emocionales no sólo entienden las emociones, también conocen en qué son buenas y en qué son malas y lo aceptan, y aprenden a vivir y a convivir con los sentimientos que esas limitantes y ventajas les producen. También saben quiénes encienden sus focos rojos y saben lidiar con ellos (¿recuerdas a las personas tóxicas?) y reconocen los entornos que les permiten tener éxito de los que no. Entonces, si tú eres una persona que sabes que las cuentas numéricas no son lo tuyo, aprende a vivir con la vergüenza de equivocarte frente a los demás al hacer números sencillos y así serás insensible ante las burlas. Por el contrario, si eres muy bueno hablando en público, acostúmbrate al orgullo y minimízalo para así no caer en la soberbia de pensar que eres mejor que los demás o de hacer criticas innecesarias a los otros hablantes.

5. Sé difícil de insultar

Esta es de mis recomendaciones favoritas y a mí me cambió la vida cuando la leí en el libro *Los Cuatro Acuerdos* del doctor Miguel Ruíz, bajo la máxima de soteriología tolteca que dice: "No te tomes nada personalmente." Este bello y sencillo mantra que sin exagerar me lo repito al menos una vez al día, dice que cuando nos tomamos las cosas personales nos sentimos ofendidos y reaccionamos defendiéndonos creando conflictos. Este acuerdo es útil para todo en la vida pero sobre todo para los insultos y las ofensas, pues si tú sabes firmemente quién eres, será difícil para alguien hacer o decir algo que te moleste. También sé tolerante y mantén una mente abierta, las acciones de los otros no son las tuyas y no tienes por qué saltar cada vez que alguien en un chat de WhatsApp o en redes sociales opina algo con lo que no estás de acuerdo. Siempre piensa: esa es tu opinión, no la mía.

6. Aprende a decirte NO

Inteligencia emocional significa saber ejercer el autocontrol. Ya aprendimos a decirle no a los demás, pero también tenemos que saber negarnos cosas para así aplazar la gratificación y evitar acciones impulsivas. Investigaciones realizadas en la Universidad de California señalan que entre más difícil se te haga decir "no", mayor estrés experimentarás. ¿Comemos más pastel? ¿Nos damos una escapada a la tienda? ¿Reciclamos un trabajo de hace un año con este cliente? ¿Nos dormimos cinco minutitos más? Son preguntas que nos hace nuestro diablito al hombro y al que tenemos que saber decirle no. Si no puedes autocontrolarte en estas situaciones, menos cuando las emociones estén a flor de piel.

7. Da sin esperar nada a cambio

Cuando alguien te da algo espontáneamente y sin esperar nada a cambio, te deja una poderosa impresión. Por ejemplo, quizás tuviste una interesante conversación con un compañero acerca de un libro, y una semana después, se aparece con el libro en la mano para regalártelo. Las personas emocionalmente inteligentes construyen fuertes relaciones porque constantemente están pensando en los demás sin pensar en un beneficio. Pero no estamos hablando de objetos materiales, el ejemplo lo puse porque igualmente así tendríamos que hacerle con nuestros talentos y acciones del día a día. Pensar que por haber hecho algo bien nos merecemos una palmadita en la espalda o que por cubrirle el turno a alguien ahora esa persona nos debe un favor, es una semilla de conflicto que puede germinar cuando no recibamos la gratificación deseada o el favor de vuelta. Sinceramente debes dar lo mejor de ti sin esperar nada a cambio, y cuando lo haces de verdad, al final las recompensas se regresan solas con creces. Esto lo dicen la gran mayoría de las religiones y corrientes filosóficas y espirituales, por lo que esta Biblia no podía quedarse atrás.

8. Sé comunicativo

Manifiesta tus convicciones y defiende tus derechos de manera consciente, congruente, directa y equilibrada. Comunica tus sentimientos y pensamientos, nunca te quedes con dudas. Mantén y mantente informado para evitar conflictos producto de la desinformación. Si a ese jefe que te regañó públicamente y sin razón, al día siguiente con calma y en privado no le dices que te sentiste muy mal en la junta, y le informas que el error no fue tu culpa, la mala percepción quedará, y ese coraje y resentimiento guardado tarde o temprano saldrá.

9. Sé participativo

Convive e involúcrate con la comunidad. Participa en las dinámicas sociales y adáptate a ellas a aunque no sean tu estilo. Ya hablamos acerca de esto en otras partes del libro, ahora sólo súmale que al ser activo en tu comunidad laboral, tejerás mejores relaciones interpersonales que son fundamentales para arreglar las cosas. ¿Con quién arreglas más rápido los problemas y conflictos? ¿Con tus papás y mejores amigos, o con tu ex o el vecino incómodo? Cuando hay cercanía hay afecto, y por lo tanto mejores diálogos.

10. No quieras siempre ser protagonista

Aprende a desconectarte de lo que no te corresponde. Desde el S. IV a.C. en *El arte de la guerra* Sun—Tzu dijo: "Aprende a elegir tus batallas." No te involucres en pleitos ajenos ni tomes las causas de los demás como propias. Si hay dos personas peleando ¿para qué te metes? No quieras vivir siempre bajo el reflector, y si no tienes vela en el entierro, para qué estar llorando y sufriendo.

Esto es la Inteligencia emocional, ahora bien, no te confundas, no estamos diciendo que utilizar la Inteligencia emocional sea ser dejados y medio tontos, permitiendo que los demás nos usen y abusen por tener atemperado nuestro zen emocional. Muchas veces debemos defendernos y marcar límites, y para ello se usa una palabra que he repetido al menos una decena de veces durante este libro: asertividad.

ASERTIVIDAD

La asertividad no es otra cosa más que un estilo de comunicación entre la pasividad y la agresividad. La pasividad es cuando no decimos las cosas y la agresividad es cuando las decimos sin importar las consecuencias y los sentimientos que provocamos en los demás. Lo que busca la asertividad es que manifestemos nuestras convicciones y defendamos nuestros derechos de manera consciente, congruente, directa y equilibrada.

Y al ser un estilo de comunicación, la asertividad es una habilidad personal que puede aprenderse y desarrollarse, para así expresar nuestras opiniones positivas y negativas en cualquier situación social. Por lo que ya puedes imaginar qué importante es la asertividad en el trabajo. Con ella podrás dar las mejores retroalimentaciones sin ofender, al grado que podrías estar en la difícil situación de tener que despedir a alguien y que aun así te lo agradeciera al final.

Y como de asertividad podríamos escribir un libro entero, prefiero dejarte el 1, 2, 3 de la asertividad para mejorar de inmediato tus habilidades de comunicación laboral. Usa estos pasos cuando no estés de acuerdo, desees retroalimentar sobre lo negativo, incluso cuando quieras reprender a alguien.

1. Habla en primera persona: esto hace que las personas no se sientan señaladas. Para que lo entiendas mejor, no es decirle a alguien tú estás mal y yo bien; es decirle "yo puedo estar mal", aunque esto no sea cierto. Es la diferencia entre decir: "No te sabes explicar" a "creo que no te entendí", o decirle a alguien: "Ayer te equivocaste y me lastimaste" cuando podrías decirle "no comparto lo que pasó ayer y me sentí muy mal".

2. Acepta tus errores y equivocaciones y aduéñate de las culpas de los demás para que estas sean compartidas: cuando reprendes a alguien es porque forzosamente hizo algo mal. Trata de encontrar algún pequeño grado de culpabilidad personal o institucional y exagérala. También trata de hablar en primera persona del plural cuando así se pueda. Culparnos es un sacrificio que hacemos para no hacer sentir peor a la otra persona, por lo que vale la pena. Por ejemplo, si alguien de tu equipo es muy desorganizado y esto ha provocado errores y deseas darle un ultimátum, en vez de decirle: "Ahora sí ya llegué al límite de tu desorganización, ya no sé qué hacer contigo y tus errores, a la próxima te me vas", tendrías que decirle: "Me siento mal porque no he podido ayudarte con tu problema de organización, estos incidentes nos han costado mucho y me siento impotente de saber que si nos volvemos a equivocar, tendremos que replantear nuestra continuidad como equipo".

3. Usa la técnica del sándwich: di las cosas negativas en medio de dos positivas. Por ejemplo, el simple hecho de tener este libro en las manos te hace a ti una persona diferente que quiere superarse, lo cual es un indicio de tu gran inteligencia. Ahora bien, no es magia, tienes que poner en práctica lo aquí recomendado y no ser desidioso, como tal vez lo has sido con otros textos útiles que han quedado arrumbados en un estante o ni siquiera terminaste de leer. ¡Este libro tiene que ser de cabecera y debes aplicar diario su conocimiento! Y estoy convencido de que así lo harás. Si ya vas a esta altura de la lectura, es porque has demostrado disciplina y porque a diferencia de otros, tú sí deseas crecer en la organización. Vas por buen camino y tienes el éxito garantizado. ¿Te diste cuenta de la técnica? Espero hayas disfrutado este sándwich.

Ahora bien, no siempre tenemos que ser asertivos. A veces tenemos que recurrir a la pasividad o a la agresividad. Por ejemplo, si a un cliente le huele la boca es mejor quedarnos callados y no expresar nuestras opiniones aunque nos moleste el olor, pues aquí la pasividad evitará herir susceptibilidades y quedar como entrometidos. Pero si a tu hijo adolecente le huele la boca porque no se ha lavado los dientes en tres días, y además ya le dijiste más de veinte veces que se los lavara, sin problemas puedes recurrir a la agresividad y decirle: "Te apesta la boca, eres un puerco y pobres de tus amigos, no sé cómo pueden estar cerca de ti, ni te me acerques, imposible que alguien quiera darte un beso", pues ser agresivo no traerá consecuencias y hasta puede ser persuasivo. En el trabajo generalmente o somos pasivos o asertivos, aunque si en tu equipo de trabajo tienes a alguien con espíritu de adolescente necio, ya sabes cual es la solución.

Entonces, si te toca ser el Jinete del Apocalipsis y tus funciones son comunicar malas noticias, al momento de despedir a alguien sólo dile:

"Antes que nada, quiero dejar muy en claro que eres una persona de una gran calidad moral y no tenemos más que buenos comentarios acerca de tu compañerismo, compromiso y buena actitud. Ahora bien, desafortunadamente hemos venido acarreando una serie de problemas que ya no es el momento ni es necesario recalcarlos ni echarlos en cara. Los conocemos y sabemos que se han cometido errores. Y en nuestra última plática como recordarás fuimos muy claros, por lo que con pena te comparto que ha llegado el punto de tomar caminos separados. Créeme que me duele mucho tener que ser yo quien te comparta esta noticia, pues siempre te consideré una buena pieza en la vida de esta organización, pero desafortunadamente los resultados no se han dado. Quedaré siempre a tu disposición y te reitero tu gran calidad humana, por lo que no dudo encontrarás rápido alternativas de trabajo en un lugar donde tus habilidades sí sean compatibles. Éxito siempre."

Gracias señor Jinete por sus lindas palabras.

Y ya que estamos hablando del uso de la palabra, en esta Biblia decidí no tocar uno de los temas más importantes y fundamentales para el crecimiento organizacional, y que sin miedo a equivocarme, es la habilidad interpersonal más importante que un God—in! debe tener: saber hablar en público y hacer presentaciones profesionales.

Cada año, el *Wall Street Journal* publica una encuesta en la que hace un ranking de las mejores escuelas de negocios de acuerdo a la información que le dan los principales reclutadores corporativos, quienes son los que se encargan de entrevistar y contratar a los estudiantes egresados de esas escuelas. En un apartado de la encuesta, se les pregunta que enumeren cuáles son las características y atributos más importantes que buscan para contratar a un egresado de un MBA. Pues el atributo que siempre queda arriba en la lista es el de las habilidades de comunicación interpersonal. Colocan a hablar en público y saber expresarse arriba de las calificaciones, el prestigio de la escuela de la que egresan, las habilidades para trabajar en equipo y hasta de la integridad y la ética personal.

He capacitado a más de dos mil personas en el uso de la palabra oral, por lo que tengo suficientes testimoniales sobre cómo el prepararte para hablar en público se convierte en una ventaja para el ascenso acelerado. Para muestra, te comparto el caso de una empresa que me mandó a capacitar a uno de sus gerentes comerciales quien debía aprender a comunicar un proyecto en específico. Ese gerente aprendió bien las técnicas y logró sacar con éxito la presentación para la que fue capacitado. Pero después desarrolló el hábito de hablar bien en público y todas sus presentaciones internas y externas se volvieron exitosas. Los jefes se dieron cuenta y lo ascendieron en el área comercial, además de hacerlo vocero oficial. Hoy, es director comercial y de comunicación de la empresa y su nombre suena para ser el próximo director general.

Saber expresarte correctamente frente a los demás te dará un enorme valor agregado que podrás explotar desde la entrevista de trabajo, hasta el proceso más complejo de venta o convencimiento. Pero entonces, ¿por qué si es tan importante para el éxito profesional decidí omitir en este libro un tema fundamental, meritorio de un capítulo entero?

La respuesta es sencilla... ¡Porque ya escribí un libro nada más sobre ese tema! Se llama *El Método H.A.B.L.A* y es el complemento no solamente perfecto, sino obligatorio de *La Biblia Godínez*.

Por lo tanto, un nuevo mandamiento os doy: TE LEERÁS *EL MÉTODO H.A.B.L.A.*

Pero como no puedo ser tan soberbio y egoísta para mandarte a capacitar únicamente con mi texto, dejémoslo mejor como el...

Noveno Mandamiento God—in!

Te capacitarás en el uso del habla

Y vaya paréntesis nos hizo hacer el Pecado capital de la ira. Prometo ya no desviarnos tanto en esta recta final del libro pero la ira lo merecía. Y por favor, no confundas a la ira con el *ira*, que es el pariente del *haiga* y el *vistes*. Cuidar la palabra no es solamente procurar lo que esta provoca en nuestra audiencia o el saber hablar en público, es también no atentar contra el lenguaje en su forma oral o escrita. Sobra decir lo importante que es la buena ortografía, redacción y pronunciación para crecer en la organización, por lo que sólo mencionaré que nunca te darán puestos de verdadera autoridad si tienes faltas de ortografía o atentas contra el lenguaje hablado. Estimado Godín, menos maestrías y más ortografía.

Y como sé que buscarás capacitación en el uso de la palabra oral y escrita, y como también comprendes que no es prudente re-escribir *El Método H.A.B.L.A* o regresar a la primaria para aprender el A, B, C de la ortografía y redacción, prefiero dejarte unas útiles recomendaciones relacionadas con el uso de la palabra:

CINCO FRASES QUE NO DEBES DECIR EN EL TRABAJO

En mi humilde opinión, existen una serie de frases que deberías eliminar de tu vocabulario profesional pues, si te soy sincero, afectan muchísimo tu imagen pública. Haré mi mejor esfuerzo para explicarte cuáles son, pero antes, debes saber por qué no debes decirlas. Y es que, con todo respeto, cada vez que las mencionas quedas como hipócrita, falso, flojo y hasta sumiso. Y no sólo eso, sino que ¿te digo algo y no te enojas? Que toda esta introducción fue un vil engaño para utilizar estas frases coloquiales que decimos muchas veces sin saber que son enemigas de nuestra buena percepción. ¿Las detectaste?

- *En mi humilde opinión:* la humildad es la virtud que consiste en el conocimiento de nuestras propias limitaciones y debilidades, así como la sumisión y rendimiento ante los demás. Por lo tanto, si tu opinión es limitada y débil... ¡Mejor no la expreses!
- *Si te soy sincero:* ¿O sea que normalmente no lo eres? Tener que demostrar tu sinceridad es sólo un indicio de que en realidad eres falso e hipócrita.

- *Haré mi mejor esfuerzo:* ¡Eso se da por entendido! Al mencionar esta frase en el trabajo estás demostrando que regularmente no lo haces. Además, das a entender que no lograrás tus objetivos y te estás excusando por adelantado.
- *Con todo respeto:* esta frase normalmente la anteponemos cuando vamos a decir algo que es imprudente o desconsiderado. Y si el respeto se define como la prudencia y consideración hacia los demás... ¿no es una reverenda estupidez decirla? (con todo respeto).
- *¿Te digo algo y no te enojas?:* ¡Uy! Basta con escuchar esta frase para que te empiece a hervir la sangre y enojarte el doble de lo que normalmente lo harías. Si debes confesar algo negativo, dilo de manera directa y con asertividad. La única forma de usar esta frase es en una técnica que veremos más adelante.

Además de estas cinco frases, existen muchas otras que también debemos evitar y son aquellas que después se escudan con un "pero". Como pueden ser: "No te ofendas, pero...", "no quiero molestarte, pero...", "sé que no es el momento, pero...".

Entonces, aunque no era mi intención decirte estas frases PERO era sumamente necesario, te recomiendo que las elimines de tus conversaciones profesionales a partir de hoy.

Te prometí que ya no me iba a desviar y lo volví a hacer, por lo tanto, encaucemos las aguas y recordemos que antes de este último Pecado capital Godín estábamos hablando de cómo manejar el Apocalipsis de oficina cuando nos equivocamos, e íbamos a aprender a manejar las crisis que dañan nuestra reputación laboral para recuperarla. Y como lo prometido es deuda, veamos qué hacer cuando metemos la "pata".

¿QUÉ HACER CUANDO NOS EQUIVOCAMOS?

Pudo haber sido tan leve como tirar un café en la fotocopiadora y descomponerla, o tan grave como que a un pedido de 100 unidades le pusiste un cero de más y ahora hay que pagar 1000. Los accidentes en la oficina pasan y si dejáramos de equivocarnos dejaríamos de ser humanos. Es normal errar, pero hacer más grave tu error por no saberlo manejar, es de subnormales.

Veamos entonces los pasos a seguir cuando algo malo sucedió y la culpa te señala claramente a ti.

- Revela tu propio error: no esperes a que te "cachen" ni tengas la esperanza de que no se darán cuenta. La única forma de que no seas tú quien da a conocer la equivocación es porque ni siquiera sabes que te equivocaste y ya llegarán a hacértelo saber.
- Recurre a la honestidad: lo primero que tienes que hacer es reconocer el error sin poner pretextos ni dar explicaciones, eso lo dejaremos para más adelante si es necesario y además tenemos alguna coartada o argumento de valor, lo que casi nunca sucederá. Los seres humanos tendemos a echarle la culpa siempre a algo o a alguien más. Inclusive, solemos darle a los objetos inanimados voluntad y la capacidad de toma de decisiones para librarnos de las responsabilidades: "Es que el mail no se quiso mandar", "lo que pasa es que a mi despertador le está dando por desprogramarse"... Por lo tanto, basta de pretextos y explicaciones y simplemente acepta que cometiste una equivocación.
- Exagera la perspectiva de daños antes de revelar tu error: esta técnica que parece arriesgada la verdad es que es bastante inocente y resulta muy efectiva. Consiste en hacer pa-

recer mayor el problema para que de esta forma, cuando se conozca que la falta no es tan grave, la sensación será de alivio en lugar de enojo. Imagínense a la joven que le escribe a su papá: "Papá, nunca pensé que algo así me pudiera pasar a mí, algo muy grave me acaba de suceder y me muero de la vergüenza al revelártelo porque tarde o temprano te vas a enterar. Si me siento grande para hacer tonterías, ahora debo ser lo suficientemente madura para responsabilizarme de mis actos. ¿Puedo ir a la oficina a hablar contigo?" ¡En ese momento el papá se infarta y le llamara enseguida! Para posteriormente revelarle: "Es que choqué el coche por venir mensajeando, pero no te preocupes, fue leve y yo estoy bien, pero me has dicho mil veces que no lo haga y ahora sé que tienes toda la razón." ¡En ese momento al papá le regresa el alma al cuerpo y la falta grave se convierte en una bendición! Aplícale esta cruel dosis de alivio a tus superiores cuando te equivoques, y como ya te diste cuenta, aquí es donde la frase "te digo algo y no te enojas", puede tener cabida.

- ¡Pide ayuda! En el momento que aceptas tus errores pero solicitas auxilio, los otros dejan de ser tus verdugos y se convierten en tus cómplices y consejeros. Imagínate decirle a tu jefe: "La acabo de regar horrible y no sé qué hacer, por favor ayúdame tú que tienes más experiencia. Le mandé un mensaje de WhatsApp al cliente diciéndole "son unos pinches impuntuales" pensando que se lo estaba mandando a Ibáñez y ya lo vieron. ¿Qué hago o qué les escribo?". En ese momento tu estupidez se aminora ante los ojos de tu rescatador y ahora es un problema de dos.

- Una vez reconocido el problema, crea un vínculo emocional con la situación: recurre a todas las emociones que puedas imaginar para hacer sentir tu corazón. Ante las crisis las personas afectadas no entienden de razones, pero siguen siendo empáticas con las emociones. Di que te sientes muy mal, que estás avergonzado, que te entristece lo que pasó, que estás enojado contigo y si la ocasión lo amerita y estás a puerta cerrada con tu jefe, llora. Mucho se dice que en la oficina no debes llorar pues te muestras débil y vulnerable, y es cierto. Debes procurar no llorar cuando te están llamando la atención o cuando es una situación de estrés. Pero si eres una persona sensible que llora de alegría o cuando algo lo enternece o entristece, adelante, siempre será bien visto el que llora porque acaba de recibir un reconocimiento o recibió una excelente noticia. Pero no me pierdo, en este caso estamos hablando de un llanto de impotencia o arrepentimiento a puerta cerrada ante una situación que nosotros mismos revelamos. ¿Chantaje? Sí. ¿Válido? También. Ahora bien, no vayas a llorar porque rompiste la fotocopiadora o porque se te olvidó un folder en casa. Guárdalo para los verdaderos Apocalipsis.

- Pide perdón: el perdón es la solicitud de indulto de una pena merecida, por lo que no hay que confundirlo con las disculpas que ya quedaron explicadas. El perdón se pide y las disculpas se ofrecen. Por lo que pedir perdón es un buen paliativo para empezar a cerrar el asunto.

- Ofrece una solución: no traigas únicamente problemas, lleva también soluciones y la más sensata es: ofrécete a enmendar los daños. "Sé que pedir de más le costó dinero a la compañía, por lo que estoy dispuesto a pagarlo de mi dinero hasta que quede saldado. Pueden irlo descontando de mi sueldo si así les parece." Cuando la contraparte se da cuenta que estamos dispuestos a cargar con las consecuencias de nuestros errores, lo más probable es que nos digan que no es necesario y hasta lo agradecerán. Pero si nos toman la palabra, a cumplir, por lo que no *bluffees* y ofrece lo que verdaderamente puedas efectuar.

* Finalmente, pasa de lo malo a lo bueno y que se quede como mensaje final: así como está el error, seguramente estás haciendo muchas otras cosas positivas y que le suman valor a la compañía, por lo que trata de sacarlas a relucir sin tenerlas que restregar en la cara, porque finalmente para eso te pagan. Di algo como: "Y es una pena que esto me haya pasado cuando traigo una excelente racha de contratos cerrados y seguro romperé mi record anterior. Ojalá esto no empañe las cosas buenas por las que quería se recordara este año."

* Ya en otro contexto o al día siguiente, se pueden dar explicaciones o justificaciones siempre y cuando se mantenga la línea de reconocer la responsabilidad propia. "Y ya no te conté ese día, pero si tiré el café en la fotocopiadora es porque no me di cuenta de que estaban unas cajas en el piso por venir viendo el teléfono. Fue mi culpa, pero ya les dije que no se pasen y que dejen las cosas en su lugar."

Sigue esta técnica en la oficina y en tu vida en general, y verás que la condición humana de equivocarnos de vez en cuando no tendrá grandes consecuencias. Ahora bien, subraya por favor ese de—vez—en—cuan—do, ya que si equivocarnos no es la excepción sino la regla, seguramente pronto nos saldrán alitas y no serán de angelito para subir al cielo laboral.

¿ME VAN A DAR CUELLO?

Para algunas personas, su gran concentración laboral o simplemente su ingenuidad, los llevaron a formularse muy tarde la pregunta: ¿Cómo no me di cuenta de que me iban a correr?

Existen señales de advertencia que evidencian que "tu empresa" (¡Ja!) podría prescindir de tus servicios, y mientras más señales encuentres, más apretada empezarás a sentir la soga al cuello.

Por lo tanto, date cuenta si todo está bien, si es momento de ponerte las pilas, o si de plano es mejor ir buscando una nueva chamba con estos siete indicios de que te van a correr:

1. Tus actividades diarias repentinamente son atractivas para los demás: a nadie le importabas y ahora todos quieren que les expliques cómo haces tu emocionante trabajo. Tú dejarás de existir, pero tus responsabilidades seguirán en manos de estos curiosos que realmente se están capacitando. Lástima, no te has vuelto irresistible, simplemente sustituible.

2. Te piden todo por escrito: te piden transcribir hasta lo que podría decirse de palabra o por teléfono. Esto significa que desean documentar procesos para dejar una huella de tus funciones, pero también lo hacen para recabar hechos en caso de enfrentar un pleito de derecho laboral en el que argumentes que nunca te quedó claro qué es lo que tenías que hacer. Un clásico es que te pidan la definición de tu puesto, funciones y responsabilidades.

3. Todo es un problema o todo es color de rosa: hay de dos, o tu jefe supervisa todo lo que haces y a todo le encuentra "peros"; o bien los conflictos naturales con tu jefe desaparecen de la noche a la mañana, y al cometer errores importantes simplemente te dice "no te preocupes, no pasa nada" o actúa como si nada hubiera ocurrido. En el primer caso busca acumular pretextos para despedirte. En el segundo, lo que realmente te está diciendo es: "Da igual, tú ya te vas."

4. Rebasan tus límites y todo es personal: desean que explotes generándote un clima laboral viciado y sobrecargado de trabajo, horarios, responsabilidades, presiones y hasta *mo-*

bbing mala onda. El objetivo es orillarte a renunciar y así ahorrase indemnizaciones.

5. Cambios de actitud en tu jefe: si tu jefe directo te evita, siempre que lo buscas está ocupado, cancela las citas de tus proyectos y en general se comporta más frío y reservado que de costumbre; es un indicio de que ya tiene en mente despedirte, por lo que no querrá hablar contigo más de lo necesario.

6. Te conviertes en el apestado: te separan de proyectos importantes, no te invitan a participar en juntas de nuevos proyectos y hasta te aíslan de los chistes locales, reuniones sociales y demás prácticas Godín. La reducción de responsabilidades y disminución de participación en la vida laboral siempre debe tomarse como un pre—despido.

7. Hay rumores o simplemente "lo sientes": ya sabes que cuando el río suena... Pero también la tensión y malas vibras se sienten. Si presientes tu despido, seguramente no estás tan equivocado, pues tu intuición te está diciendo que las cosas no están bien y hasta puedes encontrar razones para saber que no es mera paranoia.

Otros indicios de que tu trabajo puede peligrar son malos resultados en la empresa, fusiones o compras por parte de otras compañías, despidos en puestos similares al tuyo o movimientos hacia abajo o el despido de tu jefe; aunque en estas situaciones te quedará de consuelo que algo más cavó tu tumba y ya no dependió de ti.

Y ya se puso un poco fúnebre el asunto... y es que sufrir un despido finalmente es una pérdida y las pérdidas producen dolor, por lo que sortear las emociones que provoca la pérdida del empleo debe seguir un proceso meramente tanatológico. Pues se vivirá un proceso de duelo y se vivirá un luto profesional.

Un duelo es la reacción emocional y la avalancha de sentimientos que se nos vienen con una pérdida, y el luto es el proceso de ajustes que se dan en nuestra vida después de haber enfrentado esa desafortunada situación. Y en tu duelo laboral siempre te estarás preguntando ¿por qué yo? Y pasarás por las famosas e inevitables etapas de negación, enojo y final aceptación. En la etapa del enojo, suele darse un coraje muy fuerte contra nuestros pasados empleadores, por lo que empezamos a despotricar contra ellos por su actuar que consideramos injusto. Lo mismo pasa cuando muere un ser querido y lo primero que te preguntas es ¿por qué me pasó esto y por qué me está tocando vivirlo?, para después pasar por una etapa de enojo con Dios al grado de quererlo maldecir. Así es el proceso de duelo, pero una vez en la aceptación, debes hacer un ejercicio de conciencia para reflexionar quién exactamente le puso los clavos al ataúd: "¿Fui yo?, ¿mis jefes?, ¿las circunstancias?, ¿mis compañeros?..." Para tratar de encontrar respuestas que puedan transformarse en un aprendizaje de mejora con vías a una nueva y fresca experiencia laboral, pues a diferencia de la muerte terrenal, en la muerte laboral sí hay resurrección.

Y dijimos que te van a dar ganas de despotricar contra los jefes y la empresa, ¡pero no lo hagas!, o hazlo solo, en tu mente o con tus seres queridos. No hables mal públicamente de tus empleadores pasados ni se te ocurra comentar negativamente en Redes sociales. La vida laboral da muchas vueltas y no sabes cuándo puedes necesitar una recomendación, inclusive puede darse una recontratación. Además, quedarás como la clásica persona ardida y despechada que después de cortar con su pareja, pone mensajes dizque aguerridos en sus Redes sociales que sólo dan lástima y hacen que se les perciba como traicioneras. Nunca hables mal de tu ex, recuerda que en algún momento entre ustedes hubo amor y se hicieron felices el uno al otro... y estoy hablando de ti y tu ex empresa.

Tú diste y ellos te dieron (y hablo en el buen sentido, aunque si te sale lo alburero también aplica, porque si no seguirías trabajando ahí). La gratificación fue mutua, por lo tanto, muéstrate siempre agradecido y respeta siempre el...

Décimo y últmo Mandamiento God—in!

Abandonarás la institución con gracia

Y sin duda con más gracia la podrás abandonar si es que no "te dieron las gracias" y tú eres el que decidió bajarse del barco.

De hecho, si eres un gran colaborador, el saber que vas a presentar tu renuncia o inclusive hacerlo, se convierte en un temor para los "Dioses" lo que los motivará a ofrecerte mejores prestaciones y hasta invitarte a sentarte en un trono al lado de ellos. En el trabajo nadie es indispensable y todos somos reemplazables, eso debes saberlo, pero sin duda puedes convertirte en un activo para la empresa que sea demasiado atractivo.

Cerremos entonces con los consejos para saber cómo renunciar con gracia, pero antes, revisemos cuáles serían los motivos para dejar el trabajo.

Vale la pena renunciar:

- *Cuando llevas muy poco tiempo trabajando y detectas que no es el lugar ideal:* más vale saltar del barco cuando está cerca de la orilla y puedes nadar de regreso, en lugar de quedarte deambulando a la mitad de la nada. Quedarse mucho tiempo en un lugar que es evidente que no va funcionar, sólo es una pérdida de tiempo.

- *Cuando eres solamente un número para un gran corporativo y nadie sabe tu nombre, o tienes un supervisor más que un jefe:* este tipo de trabajos son muy dignos pero son meramente operarios y fácilmente reemplazables. Trabajar en un call center ofreciendo servicios financieros, atender el Auto—Mac o el ofrecer degustaciones en Costco, son opciones momentáneas para sacar el día a día o buenas experiencias de primer empleo juvenil, pero si deseas crecer, piensa que debes prepararte más y no estancarte a ese nivel.

- *Cuando renunciar significa un avance:* eres tan bueno que ya te buscaron de otros lados y quieren piratearse tu talento. Si vas a saltar, más te vale que sea un crecimiento significativo y con promesas de seguir creciendo; no vayas a tomar una decisión atractiva al corto plazo que a la larga sea contraproducente.

- *Cuando la única forma de crecer es quitando a tu jefe pues él ya llegó al máximo nivel y todavía le cuelga para su jubilación:* esta razón sólo es válida si ya tienes asegurada otra opción de crecimiento en alguna empresa, pues será difícil conseguir una chamba con tus actuales prestaciones en donde apenas empezarías a hacer carrera.

- *Cuando dejan de tomarte en cuenta y prácticamente todo lo que haces es ignorado:* además te das cuenta de que si dejaras de hacer tu chamba, a la empresa no le pasaría nada. Cuando no aportas ningún valor, no hay para donde crecer.

- *Cuando te humillan:* una cosa es que sean firmes contigo y te exijan, y otra muy diferente es que violen tu integridad. Si en tu oficina te gritan, te insultan, te llaman de manera despectiva, se burlan de ti o te hacen un constante *mobbing* mala onda; no lo toleres y sal para nunca regresar.

- *Cuando la empresa en donde trabajas está fuera de la competitividad salarial:* si por hacer el mismo trabajo, al mismo nivel, con los mismos beneficios y con el mismo salario emocional, en otra empresa puedes ganar sustancialmente más, no encuentro motivos para quedarte. Ahora bien, hablé del salario emocional, que es la remuneración no tangible que tu empleo te da. Siempre tienes que poner en una balanza el dinero y los detalles que tienen los dueños pensando en tu bienestar, como la calidad del mobiliario de oficina, las capacitaciones, los permisos y días libres extras que te dan, los horarios de entrada, la cercanía para hablar con la persona de más alto rango y en general las sonrisas que tu ambiente laboral te saca día con día. Tal vez tu empresa no sea la mejor del mercado en el tema de competitividad salarial, pero si la quieres, es TU empresa.
- *Sobrecarga laboral:* cuando hubo reducciones de personal y el trabajo que antes hacían dos o tres ahora debes hacerlo solo, pero de los sueldos de los otros no se te derramó ni tantito.
- *Cuando de plano quieres cambiar de profesión y hasta de vocación:* normalmente en nuestra vida profesional los cambios laborales siguen un rumbo en particular y están cortados con una misma tijera en cuanto a áreas y giros. El buen trabajador que empezó como representante médico para una farmacéutica, seguro termina como directivo dentro del área comercial de una empresa del mismo ramo. Pero si el cambio que deseas de plano es de ciento ochenta grados, adelante, da el salto y sigue tu verdadera vocación.
- *Cuando llevas más de un semestre saliendo diario de casa desmotivado y regresando a ella insatisfecho:* la vida es demasiado corta para ser infeliz.

Y en esta última razón nos estamos dando un periodo de un semestre porque todos pasaremos por etapas de desmotivación en nuestra vida laboral. Algunas pueden ser ligeras molestias e incomodidades, y otras, sensaciones abrumadoras que nos tienen totalmente quemados. A esta segunda categoría se le conoce como *Burnout* y es un síndrome que no durará para siempre si se sabe manejar bien. Por lo tanto, no te vayas a precipitar tirando la toalla porque corres el riego de que además de estar quemado, ahora te quedes sin sustento y por lo tanto con deudas y sin ahorros.

Veamos entonces cómo no quemarte el *Burnout*.

BURNOUT

Síndrome de desgaste ocupacional o Enfermedad del trabajador consumido, son algunas traducciones para este infame malestar, pero, ¿te habías puesto a pensar que este malestar no te afecta únicamente física y psicológicamente, sino que también puede afectar gravemente a tu imagen pública?

Entendamos cómo reconocerlo y cómo afecta en nuestra percepción, pero sobre todo, veamos qué hacer en contra del tan temido SGM (Síndrome del Godín molido):

SÍNTOMAS	¡QUEMÓN!	SOLUCIÓN
¿Estás cansado desde que te levantas, te da flojera cualquier actividad y sientes que nada te produce placer?	¡Aguas! Tus jefes, pares y clientes pueden percibirte como ineficiente y poco dinámico aunque no lo seas.	¡Haz ejercicio por la mañana! Aunque pienses que hacer ejercicio te cansará más, es todo lo contrario, generarás endorfinas y llegarás más activo y feliz al trabajo.

| ¿Te la pasas quejándote, para ti todos están mal, estás irritable, no soportas a tus compañeros y a la primera de cambio sacas las garras? | ¡Típico! Eres el clásico insufrible de la oficina. Nadie te dirá que no te soportan pero hablarán mucho de ti a tus espaldas. Ser el que trae el conflicto a una organización es lo peor que le puede pasar a tu imagen laboral. | Reláaaaajate. Vete a un spa o agéndate un fin de semana solo. Piensa si realmente están mal los demás o si eres tú el del problema. El Burnout tiene que ver más con nosotros que con nuestra empresa; además, verás que cuando sales con tus amigos tampoco a ellos los tolerarás... ¡La única diferencia es que ellos sí te dirán: el insoportable eres tú! |
| ¿La cajeteas más de lo normal, se te olvidan los nombres y fechas, y tus "pequeños" descuidos están afectando a terceros? | ¡Ojo! Nadie quiere a un colaborador torpe y desorganizado. Un descuido, por pequeño que parezca, puede tener grandes repercusiones que dañen a tu jefe, equipo o a toda la organización. | Revélale tu situación de desgaste emocional a tu jefe y dile que estás trabajando para mejorarla. Sin duda verá la forma de ayudarte al tiempo que será más tolerable y comprensivo con tus errores. |

¿Sientes que necesitas un cambio, estás desmotivado, dejas todo para mañana y te agobia la rutina?	¡Cuidado! Tu lenguaje corporal es un atajo directo al corazón y no sabe mentir, por lo que si tu cuerpo luce desapasionado o tu voz desganada, nunca convencerán y difícilmente lograrás tus objetivos.	¡Rompe con la rutina! Reacomoda tu oficina, tu casa, tus horarios, tus tareas... adquiere un nuevo hobby, inscríbete a un diplomado, cambia tus hábitos alimenticios, compra una mascota, hazte un cambio de look, conoce nuevos amigos... en fin, ¡reinvéntate! Tener la cabeza ocupada en algo nuevo te distraerá de la inevitable rutina laboral y despertará en ti nuevas pasiones.
¿Te duele la cabeza, sufres mareos, tienes las defensas bajas, te salen aftas, no sabes por qué tienes diarrea o en general luces enfermo?	¡Pobre! Tu debilidad hará que te perciban como incapaz y dudarán de tu rendimiento. Pensarán que no pueden contar contigo para cosas importantes y generarás hacia ti una mezcla entre compasión y repulsión.	¡Ve al médico! Seguro te diagnosticará el Burnout y te recetará descanso o—bli—ga—to—rio. Y nada mejor que unas vacaciones ordenadas por prescripción.

Finalmente, si nada de lo anterior funciona... ¡Renuncia! Pues si de plano el problema no eres tú sino tu entorno laboral, ése difícilmente va a cambiar.

Veamos ahora sí cómo hacerle para renunciar con gracia, solamente recuerda que un chango no suelta una liana hasta que tiene otra asegurada.

CÓMO RENUNCIAR CON GRACIA

Si estás seguro de que quieres saltar y estás consciente de que tu decisión no es producto de un impulso momentáneo o de una pasajera situación acalorada, sigue estas simples recomendaciones para dejar siempre la puerta abierta con la que pronto dejará de ser tu organización:

- *No estés revelando tus intenciones de renunciar para evitar así que tus jefes se enteren vía rumor de esta decisión:* que tus superiores se enteren de que vas a renunciar por alguien más, sólo genera un ruido innecesario que puede traerte percepciones de ser una persona falsa, pues seguro ese día los saludaste muy sonriente por la mañana.
- *Hazlo con suficiente anticipación:* cubrir una plaza laboral no es tarea fácil y lo mínimo que puedes hacer es darles tiempo para reclutar y capacitar a alguien nuevo. El estándar internacional es el famoso *Two Weeks Notice*, que consiste en poner tu renuncia una quincena antes de la salida definitiva. Pero esto se considera lo mínimo, lo sensato es dar un mes.
- *Hazlo de frente y en persona:* hacerlo por mail, teléfono o WhatsApp te hará quedar como cobarde. Sólo hazlo por escrito cuando así te lo soliciten por cuestiones legales, después de haber dado la cara.
- *Saca una cita:* es un momento muy importante como para tocar la puerta y pedir si puedes hablar, además así te asegurarás que podrás renunciar en privado. Cuando hay más personas viendo, tu jefe al sentirse despechado puede po-

nerse en una situación dominante que haga más incómoda la situación para los dos. Piensa que para un jefe que le renuncien es como si a ti te cortaran porque tu pareja ya encontró a alguien mejor.

- *No mientas sobre las razones de tu renuncia:* tienes que dejar muy en claro la razón real de tu partida, puntualizando por qué te vas y a dónde te vas. No digas que quieres tomarte un descanso si estás yendo a entrevistas de trabajo o digas que te irás a una compañía equis cuando en realidad te vas a la competencia. Tarde o temprano la verdad aflorará y tu reputación puede quedar por los suelos, olvidándote así de futuras recomendaciones. Nuevamente, es como si tu pareja te dice que está confundida y quiere estar sola, y al día siguiente la ves besuqueándose con alguien a quien conoces.

- *No eches cosas en cara:* de nada sirve sacar los errores y defectos del jefe o de la compañía. Tú ya te vas y no los vas a cambiar, por lo que es mejor mantenerte cordial aun cuando la empresa no lo haya sido contigo.

- *Ofrece ayuda para la transición del puesto:* muéstrate colaborativo para entregar las funciones a tu suplente, ofrece involucrarte en la capacitación, inclusive en la selección del personal si es que conoces a alguien ideal para suplirte. Mantente dispuesto a que la nueva persona a cargo o tus jefes te sigan buscando inclusive meses o años después de terminada la relación profesional. Siempre hay pendientes, dudas y contactos que solo tú conocías. Igualmente, es normal que los primeros meses te siga contactando gente externa que no se enteró de tu renuncia y puedes ayudar pasándoles los nuevos datos de contacto.

- *Manda un mail interno agradeciendo a todos por los momentos compartidos y por los aprendizajes:* hazles saber que quedas a sus órdenes para lo que se ofrezca.

- *Manda un mail externo a todos los clientes y proveedores con los que tenías tratos para hacerles saber que dejarás de colaborar:* y si ya hay suplente, aprovecha para presentarlo y poner a disposición los nuevos datos de contacto.
- *Despídete personalmente de todas las autoridades con las que colaboraste:* agradéceles la oportunidad de haber trabajado y aprendido de ellas.
- *Si bien tus Brodínez te harán un convivio de despedida y seguramente los seguirás viendo:* no olvides despedirte del resto de la fauna con la que compartiste espacio día a día, aunque no hayas hecho grandes migas.
- *No olvides actualizar tus biografías de Redes sociales:* sobre todo LinkedIn, para evitar futuras confusiones e incomodidades.
- *En momentos importantes como fin de año o cumpleaños, mándales un mensaje o hasta un regalo a tus ex jefes:* tenerlos presentes y cercanos puede ser muy benéfico a la hora de pedir una recomendación.
- *Recuerda una vez más hablar siempre bien de tu empleo anterior y de tus compañeros y superiores pasados:* si hablas mal de ellos en entrevistas de trabajo o con tus nuevos compañeros, quedarás como una persona traicionera y malagradecida. Ya sabes, si no tienes nada bueno que decir, mejor no digas nada.

Y una vez renunciado, toca el turno de cual detective rebelde en película policiaca, entregar tu gafete y armas de trabajo. Pero siempre cuida que las puertas de la comisaría queden abiertas. Cuando renuncias con gracia, dejas tan buen sabor de boca que no dudarán en recomendarte, inclusive hacerte ofertas atractivas de recontratación en un futuro. El objetivo es siempre dejar una huella intachable a tu paso.

Finalmente, una de las razones más dignas y arriesgadas para renunciar es la de emprender. Dejar la seguridad de la paga mensual para vivir la incertidumbre de los tiempos de vacas gordas y flacas. Es la bella inseguridad de renunciar a un trabajo de cinco días de 9:00 a 6:00 para iniciar un trabajo 24/7 que nunca descansa. El liberarse del coraje de que te retengan impuestos para vivir el calvario y la complejidad de tenerlos que pagar. Emprender no es para todos y no es fácil. Desde el cubículo Godín pareciera que es la opción más cómoda y hasta egoísta pues puedes decir: "Qué a gusto ser tu propio jefe y no tenerle que reportar a nadie, decidir cuánto quieres ganar y no tener horarios ni días laborales fijos." Pero es todo lo contrario, al emprender le empiezas a reportar a más personas que nunca, eres normalmente el último en ver un pago y tus horarios y días de trabajo están fijos a no soltar el timón mientras los marineros duermen.

Pero si lo haces, te felicito, qué valiente renunciar para fundar tu propio Godinato. Sólo te pido dos favores: el primero, nunca hagas como empleador lo que no te gustaba que te hicieran como colaborador. Y el segundo, refléjate siempre en tus empleados. Piensa que si a ellos les va bien, a ti te irá mucho mejor.

De esta forma llegamos al final de estas sagradas escrituras, pero antes, recapitulemos uno a uno los mandatos esenciales de este texto, que ahora se nos presentan a manera de decálogo.

Los Diez Mandamientos God—in!

1) RESPETARÁS TU TRABAJO SOBRE TODAS LAS COSAS

2) HONRARÁS LA PUNTUALIDAD

3) SONREIRÁS SI TE TOPARES A TUS PARES

4) NO TOMARÁS LA IMAGEN FÍSICA EN VANO

5) NO DESEARÁS NI A LA MUJER NI AL HOMBRE

   DE TU CUBÍCULO

6) NO PROPICIARÁS LOS MALES DEL PUERCO

7) SANTIFICARÁS LAS FIESTAS CORPORATIVAS

8) NO ROBARÁS (ESTE MANDAMIENTO FUE ROBADO)

9) TE CAPACITARÁS EN EL USO DEL HABLA

10) ABANDONARÁS LA INSTITUCIÓN CON GRACIA

Hermanos Godínez, que el conocimiento que acaban de adquirir esté siempre con vosotros... Démonos fraternalmente un reconocimiento por ser poseedores del saber que nos ayudará a alcanzar la gloria eterna del cielo laboral.

Pero seamos también conscientes de que el paraíso Godín sólo está al alcance de los que con voluntad, ahora ponen este conocimiento en práctica en su templo laboral, recordando las enseñanzas aquí descritas día con día en su andar profesional.

¡A partir de hoy eres un God—in!

Que esta Biblia repose siempre cerca de ti y aparezca por obra y magia de mi editorial en los cajones de cada hotel ejecutivo del orbe, liberando y absolviendo así de toda culpa laboral a cuan Godín mediocre la consulte... (Que así sea).

Estimado God—in! Podéis ir en paz... ¡*La Biblia Godínez* ha terminado!

Nota final

Por inspiración divina, valor simbólico y respeto al hilo conductor del concepto literario basado en la Biblia, este libro se creó en siete días con sus noches*, basado en conocimientos estudiados, creados y recopilados por el autor durante más de tres lustros y enseñados en los programas del Colegio de Imagen Pública. En el séptimo día y por presión de sus editores, el autor no descansó.

Gracias Dios por la inspiración y por siempre ser lo que eres en tus diferentes manifestaciones: AMOR. Que siempre nos acompañes y ojalá te practiquemos más seguido.

* Corroborado bajo Notario como lo muestra el acta 99256 de la Notaría 237 del Distrito Federal a cargo del Lic. Alfredo Ayala Herrera.

La Biblia Godínez de Alvaro Gordoa
se terminó de imprimir en enero de 2019
en los talleres de
Litográfica Ingramex, S.A. de C.V.
Centeno 162-1, Col. Granjas Esmeralda, C.P. 09810,
Ciudad de México.